prépabrevet

Cours & entraînement

3e

NOUVEAU BREVET

Anglais

Jeanne-France Bignaux
Agrégée de l'université
Professeur au lycée Alfred-Kastler à Cergy (95)

Wilfrid Rotgé
Agrégé de l'université
Professeur de linguistique anglais
à l'université Paris-Sorbonne

Hatier

Abréviations utilisées

- indén. : indénombrable
- inv. : invariable
- pl. : pluriel
- sb (somebody) : quelqu'un
- sth (something) : quelque chose
- [GB] : anglais britannique
- [US] : anglais américain

Symboles utilisés

* signale les verbes irréguliers ; leur liste figure sur le rabat de couverture en fin d'ouvrage

ˈ marque l'accent principal du mot

Ø : article « zéro » ou relatif « zéro »

Maquette de principe : Frédéric Jély
Mise en page : Ordiphone communication/Eloïse Mariotta, Nord Compo
Édition : Valentine Pillet et Delphine Delefosse
Illustrations : Juliette Baily
Iconographie : Hatier Illustration
Cartographie : Corédoc

ISBN 978-2-401-04723-5

MODE D'EMPLOI

Votre Prépabrevet

- Ce Prépabrevet vous propose un **outil de travail complet** et efficace : une révision des principaux points de **grammaire** ; le **vocabulaire** au programme et un entraînement aux **compétences écrites et orales**.
- Sur chacun de ces points, vous trouverez : un **cours** structuré, des fiches de **méthode**, des **exercices** progressifs et leurs **corrigés** détaillés.
- Enrichies de nombreux commentaires et **conseils**, toutes ces ressources vous permettront d'aborder en confiance tout au long de l'année vos contrôles et les évaluations **en vue du Brevet (DNB)**.
- Tous les **documents audio** associés à cet ouvrage sont accessibles sur le site **www.prepabac.com/media**. Ils sont signalés par le pictogramme .

COURS | MÉTHODE | EXERCICES | CORRIGÉS

Votre site de révision

- L'achat de ce Prépabrevet vous permet de bénéficier d'un **ACCÈS GRATUIT*** à toutes les ressources d'**annabac.com** : résumés audio, fiches de cours, quiz interactifs, sujets d'annales corrigés…
- Pour profiter de cette offre, rendez-vous sur **www.annabac.com**, dans la rubrique « Vous avez acheté un ouvrage Hatier ? »

* Selon les conditions précisées sur le site.

sommaire

GRAMMAIRE

VOCABULAIRE

VERS LE BREVET (DNB)

VERS LE BREVET (DNB)

Grammaire

CHAPITRE

1 Parler du présent

Il existe deux présents en anglais : le présent simple et le présent en *be + -ing*. Il ne faut pas les confondre car ils n'ont pas le même sens.

I Le présent simple

A Conjuguer au présent simple

- Le présent simple se conjugue avec *do* et *do not* dans les questions et les négations.

	I/ we/you/they	he/she/it
affirmation	I work	she works
négation	I don't (do not) work	he doesn't (does not) work
interrogation	Do you work?	Does he work?

- *Don't* et *doesn't* (formes contractées) sont plus fréquents que *do not* et *does not.*

ATTENTION !

- Surtout n'oublie pas le ***-s*** à la 3e personne du singulier !

My granddad sleep**s** a lot.

Mon grand-père dort beaucoup.

- N'oublie pas de commencer tes questions par *do* ou *does* !

Does she work here?

Est-ce qu'elle travaille ici ?

- Pense à utiliser *don't* et *doesn't* à la forme négative.

I **don't** live here.

Je n'habite pas ici.

My sister **doesn't** like London.

Ma sœur n'aime pas Londres.

B Employer le présent simple

On emploie le présent simple pour décrire des **actions régulières**. On emploie logiquement le présent simple avec des expressions qui expriment la régularité : *every day* (chaque jour) ; *all the time* (tout le temps) ; *never* (jamais) ; *often* (souvent) ; *usually* (habituellement).

Laura plays football every Saturday.
Laura joue au football tous les samedis.

It always rains here in August.
Il pleut toujours ici en août.

"How often do you wash your bike?" "Once a week."
« Tous les combien tu laves ton vélo ? – Une fois par semaine. »

On emploie aussi le présent simple pour décrire une **situation** (plus ou moins) **permanente**.

I live in Brighton but I work in London.
J'habite à Brighton mais je travaille à Londres.

On l'emploie aussi pour exprimer une **vérité générale**.

Water freezes at 32 degrees Fahrenheit, that is, 0° Celsius.
L'eau gèle à 32 degrés Fahrenheit, c'est-à-dire 0° Celsius.

On emploie souvent le présent simple pour parler d'une habitude, mais si on veut insister sur l'habitude, on utilise *be used to* + *-ing*.

I speak to Leslie, my Australian friend, every day, so I'm used to speaking English on the phone.
Je parle à Leslie, mon amie australienne, tous les jours et donc j'ai l'habitude de parler anglais au téléphone.

Attention à ne pas confondre *be used to* + *-ing* et *used to* + base verbale (→ p. 19). Comparez :

I'm now used to living in the country.
Maintenant je me suis habitué à vivre à la campagne.

I used to live in London as a child.
Je vivais à Londres quand j'étais enfant.

ZOOM

Verbes qui s'emploient presque toujours avec le présent simple

Verbes relatifs à la pensée *believe* (croire), *forget* (oublier), *know* (savoir), *mean* (vouloir dire), *remember* (se souvenir), *think* (penser), *understand* (comprendre)	I think I understand what you mean, Jo. Je crois que je comprends ce que tu veux dire, Jo.
Verbes relatifs au goût *hate* (détester), *like, love* (aimer), *prefer* (préférer), *want* (vouloir), *wish* (souhaiter)	I hate broccoli. Je déteste les brocolis.
Verbes relatifs à l'apparence *appear* (paraître), *look* (avoir l'air), *seem* (sembler)	You look happy! Tu as l'air heureux !
Verbes relatifs à la mesure *contain* (contenir), *cost* (coûter), *weigh* (peser)	How much does it cost? Ça coûte combien ?
Verbes relatifs à la possession *belong to* (appartenir à), *own* (posséder)	It belongs to my granddad. Ça appartient à mon grand-père.

II Le présent en *be* + *-ing*

A Conjuguer au présent en *be* + *-ing*

■ Le présent en *be* + *-ing* se forme avec le verbe *be* conjugué, auquel on ajoute V-*ing*. V-*ing*, c'est le verbe + *-ing*: *sing* → *singing, laugh* → *laughing.*

	I	he/she/it	we/you/they
affirmation	I'm working. I am working.	She's working. She is working.	We're working. We are working.
négation	I'm not working. I am not working.	He isn't working. He is not working.	They aren't working. They are not working.
interrogation	Am I working?	Is he working?	Are they working?

- Si le verbe se termine par une voyelle + consonne + *-e*, on supprime le *-e* : *come* → *coming*, *take* → *taking*.
- Si on a une voyelle + une consonne, on double la consonne : *run* → *running*.

B Employer le présent en *be + -ing*

- On emploie le présent en *be* + *-ing* pour dire qu'une action ou un fait est **en cours** au moment où on parle.

Look, Oliver is eating Jane's cake!
Regarde, Oliver mange le gâteau de Jane !
Regarde, Oliver est en train de manger le gâteau de Jane !

Hurry up, Sam! I'm waiting for you!
Dépêche-toi, Sam ! Je t'attends !

- On emploie aussi le présent en *be* + *-ing* pour parler de ce qui se passe dans la **période présente.**

Natalie is taking the bus this week because her bike is broken.
Natalie prend le bus cette semaine parce que son vélo est cassé.

I'm studying Italian this year.
J'étudie l'italien cette année.

C Employer le présent pour parler de l'avenir (→ p. 30)

RÉCAPITULONS

- Présent simple : actions régulières, situation permanente, vérité générale.
- Présent en *be* + *-ing* : action en cours maintenant.

Parler de sa vie quotidienne

L'EXEMPLE COMMENTÉ

Écoute ce document sur le site www.prepabac.com/media.

Un auditeur, Greg, donne son opinion au téléphone lors d'une émission de radio en direct.

A phone-in programme

GREG – Hi I'm Greg. I live in San Francisco but I'm calling from Chicago. I'm staying with a few friends. They're all listening **right now**!

ANCHORMAN – So Greg, what do you want to say?

GREG – First, I want to say that I like your show very much. I prefer it to any other radio programme. And I know many programmes. I **always** listen to the radio.

ANCHORMAN – Anything you want to complain about?

GREG – Well, I **never** complain. I **sometimes** get angry. I **occasionally** swear. But I **always** regret it afterwards. But **today** I'm complaining about people's complaints. Why do people complain **all the time**? I don't understand. That's what I'm complaining about **right now**!

- Les verbes au présent simple sont associés aux adverbes *always, never, sometimes* qui expriment l'habitude ou la fréquence. Certains verbes s'emploient presque toujours au présent simple *(prefer, understand, want...)*.

- Les verbes au présent en *be + -ing* sont associés aux adverbes *right now, today*... On parle de ce qui est en cours.

VERS LE DNB

- Si on te demande de parler de ta vie quotidienne, de dire comment tu passes tes journées, de présenter ta famille, quelqu'un que tu admires, un personnage célèbre, ton meilleur ami, etc. utilise le présent simple : c'est le temps qui exprime les actions habituelles, les situations permanentes (des traits de caractère par exemple).

- Mais si on te demande de dire ce que tu fais au moment où tu parles, par exemple dans une carte postale à un ami pour lui raconter comment tu passes tes vacances, utilise le présent en *be + -ing*.

SE TESTER QUIZ

1 **Comment traduis-tu les locutions en gras ? Choisis la bonne réponse parmi celles proposées.**

1. **Je mange** habituellement un pain au chocolat le matin.
a. ☐ Do I eat b. ☐ I eat c. ☐ I'm eating

2. **Elles ont** plus de temps que moi.
a. ☐ They have b. ☐ They are c. ☐ They are having

3. **Mon chien aboie**. Il doit y avoir quelqu'un à la porte.
a. ☐ My dog barks b. ☐ My dog doesn't bark c. ☐ My dog is barking

4. **Il est en train de lire** "La Planète des Singes".
a. ☐ She reads b. ☐ He is reading c. ☐ He reads

5. **Je me souviens de** mon premier vélo.
a. ☐ I'm remembering b. ☐ Do I remember c. ☐ I remember

S'ENTRAÎNER

2 **Conjugue le verbe entre parenthèses au présent simple ou au présent en *be +ing*.**

1. I can't go upstairs: my parents … (still / sleep).
2. My brother … (want) to become an athlete, so he … (train) every day.
3. "… (Eric/work) in the library this morning?" "No, he's on holiday."
4. My mum … (not/understand) us.

3 **Conjugue au présent simple, à la forme affirmative ou négative.**

1. She … (run) every evening.
2. I … (miss) you.
3. I never … (go) swimming.
4. They … (speak) Spanish fluently.
5. I … (not/speak) German.
6. Tina … (play) hockey.
7. She … (not/like) pets.
8. You … (not/want) to know.

4 Les affirmations suivantes sont incomplètes. Complète la question pour obtenir le renseignement qui manque. N'oublie pas l'auxiliaire !

1. She visits her grandmother every … → How often …?
2. They like … → What …?
3. I watch … every night. → What …?
4. Rick reads a lot of … → What …?
5. Charles lives in … → Where …?

5 Que font-ils? Décris l'activité de chacun des personnages.

1. Bob …

2. He …

3. The girl …

4. Scott and Lucy …

5. Rex …

6. I …

POUR T'AIDER

chanter : to sing
écrire : to write
nager : to swim
faire un gâteau : to make a cake
faire les courses : to do the shopping
regarder la télé : to watch TV

6 Conjugue au présent en *be + ing* à la forme affirmative ou négative.

1. They ... (not/work) as they are supposed to: they ... (play) video games!
2. She ... (run) in the woods, you can't see her.
3. My cousin ... (not/do) her homework, she ... (dance) in her bedroom and she ... (listen) to music!
4. I ... (not/watch) the news, I ... (phone) my best friend.
5. No! We ... (not/go) shopping without you!

OBJECTIF BREVET

7 Pour chacune des phrases suivantes, conjugue le verbe entre parenthèses et souligne quand tu le peux l'élément qui t'a permis de choisir le temps.

1. My father ... (smoke) ten cigarettes a day. Every month, he ... (go) to the doctor's. Each time, the doctor ... (tell) him to stop smoking. I ... (not/know) why he ... (not/stop). Look! He ... (smoke) another cigarette right now!

2. I ... (love) playing the flute. My younger brother also ... (play) the flute. Later, we ... (want) to form an orchestra! I ... (have) a flute lesson once a week. I ... (go) to a music school not far from home. Listen! My brother ... (play)! I can even say he ... (play) a personal adaptation of "Titanic"!

SE TESTER

1 1. **b.** I eat 2. **a.** They have 3. **c.** My dog is barking 4. **b.** He is reading 5. **c.** I remember

S'ENTRAÎNER

2 1. are still sleeping 2. wants – trains 3. Is Eric working 4. doesn't understand

3 1. She **runs** every evening. 2. I **miss** you. 3. I never **go** swimming. 4. They **speak** Spanish fluently. 5. I **don't speak** German. 6. Tina **plays** hockey. 7. She **doesn't like** pets. 8. You **don't want** to know.

4 **1.** How often does she visit her grandmother? **2.** What do they like? **3.** What do you watch every night? **4.** What does Rick read? **5.** Where does Charles live?

5 **1.** Bob is singing. **2.** He is making a cake. **3.** The girl is writing (a letter). **4.** Scott and Lucy are doing the shopping. **5.** Rex is swimming. **6.** I'm watching TV.

6 **1.** They **are not working**/They**'re not working** as they are supposed to: they **are playing**/they**'re playing** video games! **2.** She **is running**/She**'s running** in the woods, you can't see her. **3.** My cousin **is not doing**/My cousin **isn't doing** her homework, she **is dancing**/she**'s dancing** in her bedroom and she **is listening**/she**'s listening** to music! **4.** I **am not watching**/I**'m not watching** the news, I **am phoning**/I**'m phoning** my best friend. **5.** No! We **are not going**/We**'re not going** shopping without you!

OBJECTIF BREVET

7 **1.** My father **smokes** ten cigarettes a day. Every month, he **goes** to the doctor's. Each time, the doctor **tells** him to stop smoking. I **don't know** why he **doesn't stop**. Look! He **is smoking** another cigarette right now!

2. I **love** playing the flute. My younger brother also **plays** the flute. Later, we **want** to form an orchestra! I **have** a flute lesson once a week. I **go** to a music school not far from home. Listen! My brother **is playing**! I can even say he **is playing** a personal adaptation of "Titanic"!

CHAPITRE

2 Parler du passé

Il y a trois façons principales de parler du passé : avec le prétérit simple *(I worked)*, avec le prétérit en *be* + *-ing (I was working)*, avec le *present perfect (I have worked)*. Mais attention, elles sont d'emplois très différents.

I Le prétérit simple

A Conjuguer le prétérit simple

▪ Le prétérit simple se forme en ajoutant ***-ed*** à toutes les personnes pour les **verbes réguliers.**

sujet	verbe
I/he/she/it/we/you/they	work**ed**/liv**ed**/play**ed**

Si le verbe se termine déjà par *-e*, on ajoute simplement *-d*: *like* → *liked*.
Si on a « consonne + *y* », *-y* devient *-i*: *try* → *tried*.

▪ Certains verbes ont une forme particulière au prétérit. Par exemple le prétérit de *see* est ***saw***. On utilise *saw* à toutes les personnes. Pour **les prétérits irréguliers**, voir le tableau des verbes irréguliers qu'il faut apprendre et retenir (→ rabat de couverture).

sujet	verbe
I/he/she/it/we/you/they	saw

▪ La négation se forme en ajoutant ***didn't*** entre le sujet et le verbe.

sujet	didn't	verbe
I/he/she/it/we/you/they	**didn't**	work/live/play
I/he/she/it/we/you/they	**didn't**	see

Didn't (forme contractée) est plus fréquent que *did not.*

■ L'interrogation se forme avec *Did* placé au tout début de la question.

Did	sujet	verbe
Did	I/he/she/it/we/you/they	work/live/play?
Did	I/he/she/it/we/you/they	see?

ATTENTION !

Dans les négations et les interrogations, on emploie **toujours** l'auxiliaire ***did***. La conjugaison est donc la même pour les verbes réguliers et irréguliers.

Did she work? / Did she see?

She didn't work. / She didn't see.

B Employer le prétérit simple

■ Le prétérit simple est le temps le plus employé pour parler du passé. On l'utilise notamment quand on raconte quelque chose.

Yesterday I woke up early. So I walked to school but I arrived late!

Hier je me suis réveillé tôt. Et donc je suis allé à pied à l'école mais je suis arrivé en retard !

■ Le prétérit simple est souvent employé avec une date ou un moment précis.

We moved out in January/ last year/ in 2012/ when I was 14.

Nous avons déménagé en janvier/ l'année dernière/ en 2012/ quand j'avais 14 ans.

■ On emploie le prétérit simple avec ***ago*** : « indication temporelle + ***ago*** » correspond à « il y a + indication temporelle ».

I talked to Paul two days **ago**.

J'ai parlé à Paul **il y a** deux jours.

■ Après ***if*** et le verbe ***wish***, le prétérit s'emploie pour parler d'une situation hypothétique et non du passé.

You'd be surprised if you saw me now!

Tu serais surpris si tu me voyais maintenant !

I wish you were here with me.

J'aimerais que tu sois là avec moi.

LE PRÉTÉRIT SIMPLE ET L'HABITUDE

- On emploie aussi le prétérit simple pour parler d'une habitude dans le passé. Quand le prétérit exprime une habitude, il se traduit en français par l'imparfait et non par le passé composé.

  When I was young, I played chess.
  Quand j'étais jeune, je jouais aux échecs.

- Dans ce cas, on peut aussi employer *used to* ou *would* à la place du prétérit simple. Avec *used to*, on insiste sur le fait que ce n'est plus vrai maintenant. Avec *would*, on met l'accent sur l'habitude.

  When I was young, I used to play chess.
  When I was young, I would play chess.

II Le prétérit en *be* + *-ing*

A Conjuguer le prétérit en *be* + *-ing*

- Le prétérit en *be* + *-ing* se forme avec *be* au prétérit suivi de V-*ing*.

	I/he/she/it	we/you/they
affirmation	I **was** working	we **were** working
négation	he **wasn't** working he **was not** working	they **weren't** working they **were not** working
interrogation	**Was** she working?	**Were** you working?

B Employer le prétérit en *be* + *-ing*

- On emploie le prétérit en *be* + *-ing* pour dire qu'une action était **en cours** à un moment du passé. Il se traduit par l'imparfait.

  I was watching the end of a film. That's why I didn't answer the phone.
  J'étais en train de regarder la fin d'un film. C'est pour ça que je n'ai pas répondu au téléphone.

- Attention ! Certains verbes ne s'emploient pas avec *be* + *-ing* (→ p. 10).

III Le *present perfect*

A Conjuguer le *present perfect*

- Le *present perfect* se forme avec l'auxiliaire *have* au présent suivi du participe passé. Pour former un participe passé, on ajoute *-ed* aux verbes réguliers : *work* → *worked*.

- Certains verbes ont une forme particulière au participe passé. Pour les participes passés irréguliers, voir le tableau des verbes irréguliers qu'il faut apprendre et retenir (→ rabat de couverture).

	I/we/you/they	he/she/it
affirmation	I've worked I **have** worked	she**'s** worked she **has** worked
négation	you **haven't** worked you **have not** worked	he **hasn't** worked he **has not** worked
interrogation	**Have** they worked?	**Has** it worked?

B Employer le *present perfect*

- On emploie le *present perfect* pour parler d'une action passée mais avec un **résultat présent.**

  I've washed my bike. It's brand new!
  J'ai lavé mon vélo. Il est tout neuf !

- On utilise souvent le *present perfect* avec les adverbes *already* (déjà), *always* (toujours), *never* (jamais), *not yet* (pas encore), *so far* (jusqu'à présent), qui expriment un **rapport avec le présent.**

  I've already eaten. I'm not hungry.
  J'ai déjà mangé. Je n'ai pas faim.

  They haven't finished yet.
  Ils n'ont pas encore terminé.

- Le *present perfect* employé avec *just* permet de traduire « venir de ».

  The plane has just landed.
  L'avion vient d'atterrir.

ATTENTION !

Le *present perfect* ressemble au passé composé, mais il est très différent !
On **n'emploie pas** le *present perfect* pour raconter une histoire, ni avec une date ou un moment temporel précis. On l'emploie surtout pour parler d'un résultat présent.

C Le *present perfect* avec *for* et *since*

■ ***For*** et ***since*** après le *present perfect* se traduisent par « **depuis** » ou « ça fait… ».

I've had my bike for three weeks.
J'ai mon vélo **depuis** trois semaines. / **Ça fait** trois semaines que j'ai mon vélo.

I've had my bike since Christmas. Yes, since 25th December!
J'ai mon vélo **depuis** Noël. Oui, **depuis** le 25 décembre !

■ ***For*** introduit une durée, souvent chiffrée : *for four days* (depuis quatre jours), *for eight months* (depuis huit mois), *for a long time* (depuis longtemps).

I've been here for thirty minutes.
Je suis ici depuis trente minutes.

■ ***Since*** introduit un point de départ : *since yesterday* (depuis hier), *since last year* (depuis l'année dernière), *since 2011* (depuis 2011), *since I met them* (depuis que je les ai rencontrés).

My mother has worked here since 2009.
Ma mère travaille ici depuis 2009.

■ Le *present perfect* se traduit par un **présent** (et non un passé composé) quand il est suivi de *for* ou de *since*.

I've lived in this town since I was born. So I've been here for 14 years.
J'**habite** dans cette ville depuis que je suis né. Donc je **suis** ici depuis 14 ans.

■ Avec *for* et *since*, si le verbe décrit une action, on emploie plutôt le *present perfect* en *be* + *-ing*. Il se forme avec l'auxiliaire *have* conjugué au présent, suivi de *been* + V-*ing*.

I've been studying English for six years.
J'étudie l'anglais depuis six ans.

IV Le *pluperfect* ou *past perfect*

A Conjuguer le *pluperfect*

- Le *pluperfect* se forme avec l'auxiliaire *have* au prétérit (*had*), suivi du participe passé.

	I/he/she/it/we/you/they
affirmation	I'**d** worked I **had** worked
négation	you **hadn't** worked you **had not** worked
interrogation	**Had** they worked?

B Employer le *pluperfect*

- On emploie le *pluperfect* pour parler d'un **passé dans le passé.** Il se traduit très souvent par le plus-que-parfait (« avait parlé »).

Sean said he had talked to you.
Sean a dit qu'il t'**avait parlé**.

- On emploie aussi le *pluperfect* avec *for* et *since*. Dans ce cas, le *pluperfect* se traduit par un imparfait.

I had known them for ten years when they left the country. So, I had known them since primary school!
Je les connaissais depuis dix ans quand ils ont quitté le pays. Donc, je les connaissais depuis l'école primaire !

RÉCAPITULONS

- Pour raconter une histoire, on utilise le prétérit simple, et uniquement le prétérit simple si on donne une date ou un moment précis.
- Pour exprimer une action en cours dans le passé, on emploie le prétérit en *be* + *-ing*.
- On utilise le *present perfect* pour rapporter une action avec un résultat présent. On l'emploie aussi avec *for* et *since* pour dire que quelque chose continue jusqu'au moment présent.
- On emploie le *pluperfect* pour parler d'un passé dans le passé.

Raconter un événement au passé

L'EXEMPLE COMMENTÉ

Écoute ce document sur le site www.prepabac.com/media.

Tom demande à Tina si elle n'a pas vu Paula, qui a perdu son portable.

Tom is looking for Paula.

TOM – Hi Tina! Have you seen Paula? I need to see her immediately.

TINA – No, I haven't. I saw her yesterday. She seemed upset because she'd lost her mobile. She was shaking! Actually, she was crying!

TOM – I've found her mobile! It's in my bag. She left it at my place three days ago but I didn't call her because she didn't have her mobile.

TINA – Why didn't you go to her place? She lives on the same street as you!

TOM – You're right! I hadn't thought of that.

- Avec les verbes au *present perfect*, on parle d'une action qui s'est déroulée dans le passé mais dont on considère les conséquences présentes : *I've found her mobile* a pour résultat *it's in my bag.*

- Les verbes au prétérit simple (*saw, seemed, left*, etc.) sont associés à un moment coupé du présent : *yesterday* (hier), *three days ago* (il y a trois jours).

Avec les verbes au prétérit en *be* + *-ing* (*was shaking, was crying*), l'action était en cours : Paula était en train de trembler, elle était en train de pleurer.

- Avec le *pluperfect*, on parle d'un passé dans le passé : *she'd lost her mobile* (elle avait perdu son portable) a eu lieu avant *she seemed upset.*

VERS LE DNB

- Si tu dois rédiger la biographie d'un personnage célèbre ou en parler à l'oral, ou encore raconter un événement dont tu as été témoin, utilise le prétérit. Dans les compréhensions orales, fais attention à la terminaison des verbes. Fais la distinction entre par exemple : *they travel* (généralité) et *they travelled* (récit).

- Mais, si dans le cadre de ton récit, tu dois mentionner un fait antérieur (par exemple pour raconter un flashback), pense à utiliser le *pluperfect.*

- Si tu dois faire le bilan d'expériences personnelles sans préciser à quel moment tu fais référence (dire dans quels pays tu as déjà voyagé, depuis combien de temps tu pratiques une activité sportive ou un instrument…), utilise le *present perfect.*

SE TESTER QUIZ

1 Coche la forme verbale qui convient pour compléter la phrase.

1. I ... the dress I want yet.
a. ☐ choose b. ☐ haven't chosen c. ☐ didn't choose

2. They ... some gardening yesterday.
a. ☐ did b. ☐ were doing c. ☐ have done

3. ... you ... to Spain?
a. ☐ Were/already going b. ☐ Did/already go c. ☐ Have/already been

4. They ... married two weeks ago.
a. ☐ got b. ☐ get c. ☐ have got

5. Shakespeare ... in 1616.
a. ☐ was dead b. ☐ died c. ☐ was dying

S'ENTRAÎNER

2 Conjugue au prétérit simple les verbes dans les phrases suivantes, à la forme affirmative ou négative.

1. They ... (not/go) to Mexico last year as they usually do.
2. She ... (come). I really ... (want) her to come.
3. Carl ... (visit) Blenheim Palace when he ... (be) in Oxford.
4. We ... (not/see) her when we ... (go) to the party.
5. You ... (not/tell) me who they ... (be)!
6. I ... (not/realise) how sad she ... (feel).

3 Pose la question qui te permettra d'obtenir l'information manquante.

1. I saw ... last Monday. → Who ...?
2. She put it on the ... . → Where ...?
3. They phoned my ... . → Who ...?
4. Liz came last ... . → When ...?
5. I understood that ... . → What ...?

4 Raconte ce que George a fait hier en t'aidant des illustrations.

7:00

7:30

8:00

4 p.m.

8 p.m.

POUR T'AIDER
se lever :
to get up
se doucher :
to have a shower
faire du skate-board :
to go skateboarding

→ Yesterday, at 7 a.m., George ....

5 Choisis entre les deux formes proposées entre parenthèses : prétérit simple ou prétérit en *be* + *-ing*. Sois logique !

1. Someone (killed/was killing) Mr Peterson on the 25th of May.
2. He (died/was dying) at 7 p.m., in his bed.
3. The coroner (found/was finding) a chemical substance in the body.
4. The detective (interviewed/was interviewing) Mr Peterson's wife.
5. "What (did you do/were you doing) at 7 p.m., when your husband (died/was dying), Mrs Peterson?"
6. "Well, I (was not/was not being) at home, I (had/was having) supper with a friend of mine at the restaurant near the beach."
7. "And what time (did you come/were you coming) back home?"
8. "I (came/was coming) back at 9".
9. "When I (found/was finding) my husband dead, I immediately (called/was calling) the police."
10. The detective (noticed/was noticing) that Mrs Peterson (trembled/was trembling).

6 **Conjugue les verbes entre parenthèses au *present perfect*.**

1. I ... (not/finish) my homework.
2. ... (you/brush) your teeth?
3. He ... (decide) not to speak.
4. They ... (not/read) that short story yet.
5. ... (she/already/taste) Indian food?
6. My brother ... (not/be) very nice to her.

7 **Dans les phrases suivantes, faut-il utiliser *for* ou *since* ?**

1. I haven't seen her ... three years.
2. She has lived in Edinburgh ... she was born.
3. He has worked here ... his marriage.
4. Mr Swindon has played the piano ... ten years.
5. George hasn't seen his best friend again ... his daughter's birth.
6. They have been together ... a long time.

8 **Conjugue au prétérit ou au *present perfect* les verbes entre parenthèses.**

1. I ... (meet) her last week.
2. Patricia ... (be) a chef for about four years now.
3. He ... (not/propose) to her yet.
4. She ... (move) to York three months ago.
5. They ... (buy) a dog in 2010.
6. My sister ... (never/ride) a horse in her life.
7. I ... (win) a medal yesterday!

OBJECTIF BREVET

9 **Traduis les formes verbales en gras et souligne l'élément de la phrase qui t'a permis de choisir entre prétérit et *present perfect*.**

J'**ai rencontré** hier un ancien ami. « Je **ne t'ai pas vu** depuis des lustres ! » lui **ai-je dit**. « Oui, j'**ai déménagé**. » « Où ça ? » « Je **suis parti** en Bretagne il y a six mois. Je suis ravi. » Je **n'ai jamais vu** quelqu'un aussi content d'avoir quitté la région !

1. ai rencontré ....
2. n'ai pas vu ....
3. ai-je dit ....
4. ai déménagé ....
5. suis parti ....
6. n'ai jamais vu ....

SE TESTER

1 1. **b.** haven't chosen 2. **a.** did 3. **c.** Have you already been 4. **a.** got 5. **b.** died

S'ENTRAÎNER

2 1. didn't go 2. came - wanted 3. visited - was 4. didn't see - went 5. didn't tell - were 6. didn't realise - felt

3 1. Who did you see? 2. Where did she put it? 3. Who did they phone? 4. When did Liz come? 5. What did you understand?

4 Yesterday, at 7 a.m., George woke up/got up. At 7:30, he had a shower/washed. At 8, he went to school/took the bus. At 4 p.m., he went skateboarding. At 8, he played videogames/played on his computer.

5 1. killed 2. died 3. found 4. interviewed 5. were you doing/died 6. was not/was having 7. did you come 8. came 9. found/called 10. noticed/was trembling

6 1. haven't finished 2. have you brushed 3. has decided 4. haven't read 5. Has she already tasted 6. hasn't been

7 1. for 2. since 3. since 4. for 5. since 6. for

8 1. met 2. has been 3. hasn't proposed 4. moved 5. bought 6. has never ridden 7. won

OBJECTIF BREVET

9 J'**ai rencontré** hier un ancien ami. « Je ne t'ai pas vu depuis des lustres ! » lui **ai-je dit**. « Oui, j'**ai déménagé**. » « Où ça ? » « Je **suis parti** en Bretagne il y a six mois. Je suis ravi. » Je **n'ai** jamais **vu** quelqu'un aussi content d'avoir quitté la région !

1. met 2. haven't seen 3. I said / told him *(pas d'inversion sujet/verbe en anglais car ce n'est pas une question)* 4. have moved 5. went/left 6. have never seen.

CHAPITRE

3 Parler de l'avenir

Il existe trois façons principales de parler de l'avenir : avec le modal *will* ; avec *be going to* ; avec le présent.

I Le modal *will*

A *Will* pour exprimer l'avenir

- Le modal *will* est souvent employé pour parler de l'avenir. Avec *will,* on se projette dans l'avenir pour dire que quelque chose se produira. On traduit souvent *will* + verbe par un futur.

They will never forget you.
Ils ne t'oublieront jamais.

I will be 16 next year. And you, how old will you be next year?
J'aurai 16 ans l'année prochaine. Et toi, quel âge auras-tu l'année prochaine ?

- Comme *will* est un modal, il s'emploie sans *do* dans les négations et les interrogations.

I will not be home on the 10th. I will be on holiday!
Je ne serai pas chez moi le 10. Je serai en vacances !

Will Michael be with you?
Est-ce que Michael sera avec toi ?

- *Will* est souvent contracté en *'ll* et *will not* en *won't* /wəʊnt/.

They'll never forget you.

I'll be 16.

I won't be home on the 10th. I'll be on holiday.

ATTENTION !

- On n'emploie pas *will* dans les subordonnées introduites par *when* (quand), *as soon as* (dès que) et *once* (une fois que), mais le **présent simple**. Le verbe est au futur en français.

  I'll send you a postcard when **I'm** on holiday.
  Je t'enverrai une carte postale quand je serai en vacances.

- Mais quand *when* est un mot interrogatif qui introduit une question, il peut être suivi de *will*.

  When **will** they admit that they're wrong?
  Quand admettront-ils qu'ils ont tort ?

B Autres emplois de *will*

- On utilise parfois *will* pour exprimer la **volonté**.

  Will you give this letter to Sash, please?
  Tu veux bien donner cette lettre à Sash, s'il te plaît ?

- On emploie aussi *will* pour parler d'une **décision prise sur-le-champ**.

  "Darling, the telephone is ringing!" "OK, I'll answer it."
  « Chéri, le téléphone sonne ! – OK, je vais répondre. »

II *Be going to*

A Conjuguer *be going to*

- On emploie *be* au présent et on ajoute *going to* suivi du verbe.

	I	he/she/it	we/you/they
be going to + V	I'm going to work	he's going to work	we're going to work

B Employer *be going to*

- On emploie *be going to* + verbe quand on sait ou bien quand on voit que **quelque chose va se produire.** On traduit souvent *be going to* par « aller + verbe ».

  The sky is dark. It's going to rain.
  Le ciel est sombre. Il va pleuvoir.

- On utilise aussi *be going to* pour parler d'une **décision déjà prise.**

  Mum has called. It's all settled. We're going to spend our holiday in Cornwall!
  Maman a appelé. Tout est réglé. Nous allons passer nos vacances en Cornouailles !

III Le présent

- On emploie souvent le présent en *be* + *-ing* pour parler d'un **projet personnel,** déjà prévu ou organisé. Le sujet est un être animé (*I, she, Mr Smith*...).

  I'm seeing Barbara tomorrow.
  Je vois Barbara demain.

  We're travelling round Wales next August.
  Nous allons voyager au pays de Galles en août prochain.

- On peut aussi employer le présent simple dans un sens futur, mais uniquement pour parler d'un emploi du temps ou d'un horaire (de train par exemple).

  "What time does the class start?" "It starts very early."
  « À quelle heure commence le cours ? – Il commence très tôt. »

  The train leaves at 10:23.
  Le train part à 10 h 23.

IV Autres façons de parler de l'avenir

- Si on veut parler d'une action imminente, on peut employer ***be about to.***

  We're about to leave.
  Nous sommes sur le point de partir.

- Le modal ***would*** (***'d***) s'emploie souvent comme le **conditionnel.** Le conditionnel ressemble au futur. On emploie *would* à toutes les personnes.

singulier	pluriel
I would like j'aimerais	we would like nous aimerions
you would like tu aimerais	you would like vous aimeriez
he would like il aimerait	they would like ils aimeraient

Would not est souvent contracté en *wouldn't.*

- On emploie souvent le conditionnel pour rapporter des paroles au futur.

"I will be on time," John said. → John said he would be on time.
« Je serai à l'heure, » a dit John. → John a dit qu'il serait à l'heure.

- Le conditionnel permet aussi de renvoyer à l'avenir mais avec moins de certitude que le futur.

It would be nice to have lunch together, wouldn't it?
Ce serait sympa de déjeuner ensemble, non ?

ATTENTION !

« J'aimerais » se dit *I would like* et non *I would*.

I would like an ice cream and I would like to eat it right now!
J'aimerais une glace et j'aimerais la manger tout de suite !

RÉCAPITULONS

- *Will*: on se projette dans l'avenir, comme avec le futur en français.
- *Be going to*: ça va se produire ou décision déjà prise.
- Présent en *be* + *-ing*: c'est déjà prévu ou organisé.

S'exprimer sur son avenir

L'EXEMPLE COMMENTÉ

Écoute ce document sur le site www.prepabac.com/media.

Emma parle de ce qu'elle fera quand elle sera adulte : elle sera juge.

When I'm older

I know what I'll do when I'm older. I'll be a judge. I'll defend every one. I'll work non-stop to make people happy. I'll spend all my weekends studying cases. Tonight I'm going to watch a series called *Justice* about a female judge. She's a role model to me. Tomorrow I'm meeting a teacher who studied law at university.

Next week I'm going to see a careers adviser to see what I'll have to do to make my dream come true.

I think I'll need a two-week holiday after that. I'll be so tired.

- Avec *will*, souvent contracté en *'ll*, on se projette dans l'avenir et on affirme que quelque chose se produira.
- On utilise *be going to* pour parler d'une décision déjà prise.
- Avec le présent en *be + -ing*, on parle d'un projet personnel, déjà organisé.

VERS LE DNB

- Si tu dois parler de tes projets, de ce que tu as prévu de faire ce soir ou les vacances prochaines par exemple, tu peux utiliser *be going to* ou le présent en *be + -ing*.
- Si tu veux parler de ton projet d'études et de carrière professionnelle et si tu as confiance en tes capacités, ou si tu veux simplement discuter de la suite à donner à une activité, tu peux utiliser *will* + verbe.
- Attention, dans une compréhension orale, il est parfois difficile de distinguer : *I do that* et *I'll do that.* Il faut prêter l'oreille et s'aider du contexte pour différencier une forme verbale au présent de *'ll* + verbe. Et à plus forte raison, il faut être attentif à le prononcer clairement lors de la prise de parole.

SE TESTER QUIZ

1 Coche la bonne traduction pour chaque phrase.

1. Elle jouera quand le bébé dormira.
a. ☐ She will play when the baby sleeps.
b. ☐ She will play when the baby will sleep.

2. Cet après-midi, je fais un gâteau au chocolat ! J'ai déjà acheté les ingrédients.
a. ☐ This afternoon, I'm making a chocolate cake! I've already bought the ingredients.
b. ☐ This afternoon, I will make a chocolate cake! I've already bought the ingredients.

3. Il va se perdre s'il prend le train tout seul.
a. ☐ He is about to get lost if he will take the train by himself.
b. ☐ He's going to get lost if he takes the train by himself.

4. Je suis sur le point de prendre une décision importante.
a. ☐ I am going to make an important decision.
b. ☐ I am about to make an important decision.

5. Ma mère ne voudra jamais que je l'invite.
a. ☐ My mum will never want me to invite her.
b. ☐ My mum is never going to want me to invite her.

S'ENTRAÎNER

2 Souligne les phrases au futur et observe leur traduction en anglais dans le corrigé.

1. Je voudrais manger du chocolat.
2. Il ira à Calais en ferry et non en shuttle.
3. Ces chaussures iraient bien à ta sœur !
4. Je mangerai des bananes quand je serai aux Antilles.
5. J'écouterais volontiers ce CD.
6. Je prendrai l'avion quand les poules auront des dents !

3 **Complète ces phrases avec *will* ou *won't* (*will not*) suivis du verbe entre parenthèses.**

1. Yes, I ... (go) to that party, but I ... (stay) too long.
2. ... (she/be) there? I hope not!
3. At 25, I hope I ... (have) a good job but I also hope that I ... (be) married because I want to enjoy life before!
4. No, she ... (forgive) me, you can be sure of that!
5. ... (you/travel) by car or by plane?
6. They ... (be) allowed to smoke here. Smoking is totally forbidden.

4 **Complète les phrases en anglais en t'aidant des phrases en français. Attention aux temps qui peuvent être différents dans une même phrase !**

1. **Quand j'aurai mon permis de conduire, j'achèterai une voiture.**
When I ... my driving licence, I ... a car.

2. **Dès que ma sœur déménagera, je prendrai sa chambre.**
As soon as my sister ..., I ... her bedroom.

3. **Quand iras-tu enfin aux USA ?**
When ... to the US at last?

4. **Une fois que John sera là, tu pourras partir.**
Once John ... here, you ... to leave.

5. **Ils pleureront quand ils verront ce film.**
They ... when they ... that film.

> **POUR T'AIDER**
> déménager : to move (out)

OBJECTIF BREVET

5 **Pour chaque phrase, entoure la proposition qui convient puis traduis la phrase entière.**

1. Ce soir, je <u>prépare</u> l'interrogation de demain.
a. be + -ing **b.** will + V **c.** be going to + V
→ ....

2. Tu <u>veux bien</u> ouvrir la fenêtre ?
a. be about to + V **b.** will + V **c.** be going to + V
→ ....

3. Je <u>suis sur le point de partir</u>.
a. be + -ing **b.** be about to + V **c.** be going to + V
→ ....

4. Je crois qu'il va être furieux.
a. be + -ing b. be about to + V c. be going to + V
→ ....

5. L'été prochain, nous verrons ma tante qui habite en Normandie.
a. be about to + V b. will + V c. be + -ing
→ ....

6. Il va faire beau demain.
a. be + -ing b. be about to + V c. be going to + V
→ ....

7. Plus tard, je serai professeur de maths.
a. be + -ing b. be about to + V c. will + V
→ ....

SE TESTER

1 1. **a.** She will play when the baby sleeps. 2. **a.** This afternoon, I'm making a chocolate cake! I've already bought all the ingredients. 3. **b.** He's going to get lost if he takes the train by himself. 4. **b.** I am about to make an important decision. 5. **a.** My mum will never want me to invite her.

S'ENTRAÎNER

2 2. *Il ira à Calais en ferry et non en shuttle.* / He'll go to Calais by ferry and not by shuttle. 4. *Je mangerai des bananes quand je serai aux Antilles.* / I'll eat bananas when I'm in the West Indies. 6. *Je prendrai l'avion quand les poules auront des dents !* / I'll take a plane when pigs can fly!

3 1. Yes, I **will go**/I'**ll go** to that party, but I **won't stay** too long. 2. **Will she be** there? I hope not! 3. At 25, I hope I **will have**/I'**ll have** a good job but I also hope that I **won't be** married because I want to enjoy life before! 4. No, she **won't forgive** me, you can be sure of that! 5. **Will you travel** by car or by plane? 6. They **won't be** allowed to smoke here. Smoking is totally forbidden.

4 1. When I **have** my driving licence, I'**ll buy** a car. 2. As soon as my sister **moves (out)**, I'**ll take** her bedroom. 3. When **will you go** to the US at last? 4. Once John **is** here, you **will be allowed** / **able** to leave. 5. They'**ll cry** when they **see** that film.

OBJECTIF BREVET

5 **1. a.** be + -ing
Tonight, I'm preparing tomorrow's test.
2. b. will + V
Will you (please) open the window?
3. b. be about to + V
I'm about to leave.
4. c. be going to + V
I think he's going to be furious.
5. b. will + V
Next summer, we will see my aunt who lives in Normandy.
6. c. be going to + V
It's going to be sunny tomorrow.
7. c. will + V
Later (in life), I'll be a maths teacher.

CHAPITRE

4 Les modaux

Avec un **modal**, on présente les faits selon un **mode** particulier : mode du possible, du probable, de l'obligation ou du conseil.

I Ce qui caractérise les modaux

mode du possible	mode du probable
You can do better than this. Tu peux mieux faire.	I may see them tomorrow before I leave. Il est possible que je les voie demain avant mon départ.
mode de l'obligation	**mode du conseil**
He must do it right now. Il doit le faire tout de suite.	You should call them. Tu devrais les appeler.

- **Un modal ne change pas de forme quel que soit le sujet : il ne prend donc pas de *-s* à la 3e personne du singulier. Un modal n'a pas de participe passé.**

  She can speak.

  Elle peut parler.

- **Un modal est suivi de la base verbale, jamais de *to*, ni de *-ing*. Un modal n'est jamais suivi d'un autre modal.**

- **Un modal ne s'emploie jamais avec *do* (questions et négations).**

affirmation	She can speak English.
négation	She can't speak.
interrogation	Can she speak?

Can they swim? No, they can't swim.

Ils savent nager ? Non, ils ne savent pas nager.

II *Can, can't* et *could, couldn't*

A Les sens de *can, can't, could* et *couldn't*

Can	**Capacité (physique ou intellectuelle)** Of course, I can lift this box. Bien sûr que je peux soulever cette boîte. Can you swim? Tu sais nager ?
Can	**Permission** Can I go now? Je peux y aller maintenant ?
Can't	**Incapacité** He can't run fast. Il ne peut pas courir vite.
Can't	**Interdiction** You can't use this computer. Tu ne peux pas te servir de cet ordinateur.
Can't	**Impossibilité** He can't be Scottish. He sounds Spanish! Il ne peut pas être écossais. Il a un accent espagnol !

Can't est la forme contractée de *cannot* (*can* + *not*).

Could/couldn't	**Capacité/ incapacité dans le passé** I could run fast when I was young but I couldn't sing! Je pouvais courir vite quand j'étais jeune mais je ne savais pas chanter !
Could/couldn't	**Possibilité (« pourrais, pourrions... »)** We could go out for a walk. On pourrait aller se promener. Could I speak to Mark, please? Est-ce que je pourrais parler à Mark, s'il vous plaît ?

CAN/COULD AVEC LES VERBES DE PERCEPTION

On emploie souvent *can* et *could* avec les verbes de perception.

It was dark. I could hear them but I couldn't see them.
Il faisait sombre. Je les entendais mais je ne les voyais pas.

B Quand employer *be able to*?

- Pour parler du passé, on emploie *could* ou *was/were able to.*

I wasn't able to log in yesterday. (I couldn't log in yesterday.)
Je n'ai pas pu me connecter hier.

- Au présent, on peut employer *can* ou *be able to. Can* est beaucoup plus fréquent. Avec *be able to,* on insiste sur la capacité.

I'm able to work non-stop for ten hours a day.
Je suis capable de travailler sans m'arrêter dix heures par jour.

- Pour parler de l'avenir, on emploie *will be able to.* Il est impossible d'avoir ~~*will + can*~~.

Don't worry, you'll be able to log in tomorrow.
Ne t'en fais pas, tu pourras te connecter demain.

III *May* et *might*

A Les sens de *may* et *might*

May	**Permission** May I use this computer? Yes, but you may not borrow it. Puis-je utiliser cet ordinateur ? Oui, mais vous ne pouvez pas l'emprunter. We may watch TV until midnight. On peut regarder la télé jusqu'à minuit.
May	**Probabilité (« peut-être / il se peut que »)** I may arrive late. Il se peut que j'arrive en retard. / J'arriverai peut-être en retard. Some trains may be cancelled. Il se peut que certains trains soient annulés.
Might	**Possibilité (« ça se pourrait »)** Don't get near it. It might be dangerous. Ne t'approche pas. Ça pourrait être dangereux. It might rain. Il pourrait pleuvoir.

B Quand employer *be allowed to*?

- Pour parler du passé, on ne peut pas employer *may*. On utilise *was/were allowed to* à la place.

  Laurie was allowed to watch TV but I wasn't.
  Laurie a eu le droit de regarder la télé, mais pas moi.

- On peut employer *be allowed to* au présent, au sens de « avoir le droit de », à la place de *may* et *can*.

  "Am I allowed to use this computer?" "Of course you can use it."
  « Est-ce que j'ai le droit d'utiliser cet ordinateur ? – Bien sûr que tu peux l'utiliser. »

- Pour parler d'une permission dans le futur, on utilise *will be allowed to*. Il est impossible d'avoir ~~*will + may*~~.

  I'll be allowed to do what I want.
  J'aurai le droit de faire ce que je veux.

IV *Must* et *mustn't*

A Les sens de *must* et *mustn't*

Must	**Obligation** You must get up now. Tu dois te lever maintenant. We must hurry up. On doit se dépêcher.
Must	**Probabilité** They went to bed late. They must be tired. Ils se sont couchés tard. Ils doivent être fatigués. Your parents must be at home now. Tes parents doivent être à la maison maintenant.
Mustn't	**Interdiction** You mustn't use swearwords here. Tu ne dois pas utiliser de gros mots ici. We mustn't forget Sandra's birthday. On ne doit pas oublier l'anniversaire de Sandra.

Dans les trois cas, ***must*** se traduit souvent par « devoir ».

B Quand utiliser *have to* ?

■ Au présent, on peut employer *have to* à la place de *must* dans le sens de l'obligation.

You have to get up now.
Tu dois te lever maintenant.

■ Pour parler du passé, on emploie *had to* (on ne peut pas utiliser *must*).

We had to cancel our trip because of the weather.
On a dû annuler notre voyage à cause du temps.

■ Pour parler de l'avenir, on utilise *will have to*. Il est impossible d'avoir ~~*will + must*~~.

We'll have to make another reservation.
On devra faire une autre réservation.

ATTENTION !
Il ne faut pas confondre *mustn't* (interdiction) et *don't have to* (absence d'obligation).

You mustn't tell them the truth. ≠ You don't have to tell them the truth.
Tu ne dois pas leur dire la vérité. ≠ Tu n'es pas obligé de leur dire la vérité.

V *Shall, should* et *shouldn't*

Shall	**Suggestion, dans une question avec I ou we** **Shall** I close the door? Voulez-vous que je ferme la porte ? **Shall** we go to the cinema? Et si on allait au cinéma ?
Should/ shouldn't	**Conseil, suggestion** You **should** stay in bed. You **shouldn't** go to school. Tu devrais rester au lit. Tu ne devrais pas aller à l'école.
Should/ shouldn't	**Probabilité** C'est (Ce n'est pas) probable (« (ne) devrait (pas) ») They **should** arrive around noon. They **shouldn't** be late. Ils devraient arriver vers midi. Ils ne devraient pas être en retard.

On peut remplacer ***should*** par ***ought to*** : *You ought to stay in bed. / They ought to arrive around noon.* Mais *ought to* est moins fréquent que *should*.

ZOOM

Modal + *have* + participe passé

Un modal peut être suivi de *have* + participe passé pour parler du passé.

could have **+ participe passé** (aurais/aurions... pu + infinitif)	You **could have warned** me. Tu aurais pu me prévenir.
may have **+ participe passé** (ai/avons... peut-être + part. passé)	She **may have missed** the train. Elle a peut-être raté le train.
might have **+ participe passé** (aurais/aurions pu + infinitif)	They **might** never **have known** the truth. Ils auraient pu ne jamais connaître la vérité.
must have **+ participe passé** (ai/avons dû + infinitif)	They **must have arrived.** Ils ont dû arriver.
should have **+ participe passé** (aurais/aurions dû + infinitif)	You **should have stayed** in bed. Tu aurais dû rester au lit.

Will est un modal mais il s'emploie surtout pour renvoyer à l'avenir (➜ p. 28).
Would est aussi un modal. On l'emploie souvent comme équivalent du conditionnel (➜ p. 30).

RÉCAPITULONS

- *Can* = « je peux le faire » ou « je sais le faire »
- *May* = « c'est permis » ou « c'est assez probable »
- *Must/have to* = « je dois le faire, il le faut »
- *Should* = « je devrais, il devrait, nous devrions le faire »
- *Must not* = « je ne dois pas le faire, il ne faut pas »
- *Don't have to* = « il n'est pas obligatoire de le faire »

Dire ce que l'on doit, peut ou pourrait faire

L'EXEMPLE COMMENTÉ

Écoute ce document sur le site www.prepabac.com/media.
William n'aime pas recevoir des ordres et ses parents sont compréhensifs.

I don't like taking orders

In some countries men and women have to do military service. In my country, I can do military service if I want to. But I don't have to do it. I hate it when my parents tell me: "You must do your homework, you must tidy up your room." It must be even worse in the army. You can't reply: "Leave me alone!" I say that to my parents and I know what they say about me: "It's his adolescent crisis, we mustn't be too strict. We could hurt him." The problem is that they may soon stop saying that, I'll be twenty years old next month...

- Avec *have to* et *must*, on parle d'une obligation. *Do not have to* signifie « ne pas être obligé » et *must not* « ne pas devoir ». *Must* peut aussi exprimer la probabilité comme dans *It must be even worse in the army*. En français, on emploie aussi le même verbe (devoir) pour l'obligation et la probabilité.

- Avec *can*, on parle de ce qu'on peut faire et avec *can't* de ce qu'on ne peut pas faire. *Could* correspond souvent au conditionnel de « pouvoir ». *We could hurt him* : Nous pourrions le blesser.

- *May* exprime ici une probabilité, mais moins faible que *must*. Quand *may* exprime la probabilité, il correspond à « peut-être » ou « il se peut que... ».

VERS LE DNB

- Dans l'activité de compréhension, orale ou écrite, tu peux avoir affaire à des règlements (concernant la sécurité notamment). Il est capital que tu saches identifier ce qui est permis (*can, be allowed to...*) et ce qui est interdit (*mustn't, can't...*).

- Dans le cadre d'actions de la vie courante telles qu'acheter quelque chose dans un magasin (*Can you tell me what size it is?*), commander dans un restaurant (*Can we have some water, please?*), demander à quelqu'un de répéter quelque chose que l'on n'a pas compris (*Can you repeat?*) ou encore faire une offre (*Shall we go to the cinema tonight?*) ou une demande polie (*May I open the window?*), les modaux sont constamment utilisés.

SE TESTER QUIZ

1 Choisis la phrase qui correspond à la meilleure traduction de la proposition soulignée.

1. <u>Il devrait devenir vétérinaire</u>, il aime tellement les animaux !
a. ☐ He must become a vet b. ☐ He should become a vet
c. ☐ He may become a vet

2. <u>Il se peut qu'il change d'avis</u>.
a. ☐ He may change his mind. b. ☐ He should change his mind.
c. ☐ He must change his mind.

3. <u>Il ne faut pas que tu manges ça</u>, ce n'est pas comestible.
a. ☐ You shouldn't eat this b. ☐ You can't eat this
c. ☐ You mustn't eat this

4. <u>Je pouvais aussi faire ça</u> quand j'étais plus jeune et plus souple !
a. ☐ I will be able to do this too b. ☐ I could do that too
c. ☐ I was allowed to do that too

5. <u>Tu n'as pas à venir</u> si tu n'en as pas envie.
a. ☐ You don't have to come b. ☐ You mustn't come
c. ☐ You shouldn't come

S'ENTRAÎNER

2 Il y a des erreurs dans la construction des modaux des phrases suivantes. Peux-tu les trouver et les corriger ?

1. I can to swim for one hour. → ....
2. She cans dance very well. → ....
3. Do you can speak Russian? → ....
4. My sister can understanding English but not speaking it → ....

3 Identifie les valeurs modales dans les phrases suivantes.

1. You **shouldn't** listen to him, he gives bad advice.
☐ impossibilité ☐ incapacité ☐ improbabilité ☐ interdiction ☐ conseil

2. I **can't** believe that she is going out with such a loser!
☐ impossibilité ☐ incapacité ☐ improbabilité ☐ interdiction ☐ conseil

3. You **may** leave before 4 p.m. if you wish.
☐ possibilité ☐ capacité ☐ probabilité ☐ permission ☐ conseil

4. She **must** be in Paris already, her plane was supposed to land at 5.
☐ possibilité ☐ capacité ☐ probabilité ☐ permission ☐ conseil

5. You **mustn't** enter this room, sorry. Go out now.
☐ impossibilité ☐ incapacité ☐ improbabilité ☐ interdiction ☐ conseil

6. They **might** give a positive response to your request, who knows?
☐ possibilité ☐ capacité ☐ probabilité ☐ permission ☐ conseil

4 Quelles phrases peuvent illustrer les panneaux ci-dessous ?

1.

a. Children are not allowed here.
b. You must keep children with you.
c. Children may enter this area.

3.

a. You may not eat here.
b. You may eat here.
c. You must eat here.

2.

a. Dogs must stay with you.
b. You mustn't come here with your dog.
c. You should keep your dog on a leash.

4.

a. You must turn right.
b. You have to turn left.
c. You mustn't turn left.

5 **Coche ce qu'expriment *can* et *can't* dans les phrases suivantes.**

1. In this picture, I can see three men and a woman.

☐ capacité ☐ permission ☐ incapacité ☐ interdiction ☐ impossibilité

2. My sister can't ride a bike, she's only three years old!

☐ capacité ☐ permission ☐ incapacité ☐ interdiction ☐ impossibilité

3. Sorry Madam, you can't sit here, the seat is already booked.

☐ capacité ☐ permission ☐ incapacité ☐ interdiction ☐ impossibilité

4. Miss, can I go to the toilets, please?

☐ capacité ☐ permission ☐ incapacité ☐ interdiction ☐ impossibilité

5. They can't be at home: they are on holiday in New York!

☐ capacité ☐ permission ☐ incapacité ☐ interdiction ☐ impossibilité

6 **Coche ce qu'expriment *may, might, must* et *mustn't* dans les phrases suivantes.**

1. She may arrive in a minute.

☐ permission ☐ probabilité ☐ obligation ☐ interdiction

2. She mustn't see what is in this box, alright?

☐ permission ☐ probabilité ☐ obligation ☐ interdiction

3. They might be late, although they usually aren't.

☐ permission ☐ probabilité ☐ obligation ☐ interdiction

4. You may use the telephone but please don't use the computer.

☐ permission ☐ probabilité ☐ obligation ☐ interdiction

5. He must be furious!

☐ permission ☐ probabilité ☐ obligation ☐ interdiction

6. You must cross the road on the pedestrian crossing.

☐ permission ☐ probabilité ☐ obligation ☐ interdiction

7 Transforme les phrases suivantes au passé puis au futur.

1. You may use the telephone. ....
a. [passé] In the house, I ....
b. [futur] When you arrive, you will ....

2. You must cross the road on the pedestrian crossing.
a. [passé] When I was in the city, I ....
b. [futur] Tomorrow, when you are in the city, you ....

8 Quelle proposition choisis-tu pour traduire les phrases suivantes ?

1. Tu n'as pas besoin de prendre un imperméable.
a. You mustn't take a raincoat.
b. You don't have to take a raincoat.
c. You shouldn't take a raincoat.

2. Elle devrait faire un effort.
a. She must make an effort.
b. She can make an effort.
c. She should make an effort.

OBJECTIF BREVET

9 Complète les phrases suivantes avec le modal qui convient.

1. ... (Should / Will / Can) I invite Paula to come and dine with us tonight, please, Dad?
2. You ... (shouldn't / can't / mustn't) use the telephone, it's out of order.
3. People ... (may / should / will) drive carefully on this road, it is so dangerous!
4. Tonight, we ... (could / will / shall) go to the Chinese restaurant! What do you think?
5. Once in the castle, you ... (mustn't / shouldn't / may) enter the rooms when you see the 'no entry' sign.

SE TESTER

1 1. **b.** He should become a vet 2. **a.** He may change his mind 3. **c.** You mustn't eat this 4. **b.** I could do that too 5. **a.** You don't have to come

S'ENTRAÎNER

2 1. I can ~~to~~ swim for one hour. 2. She can~~s~~ dance very well. 3. ~~Do you can~~ Can you speak Russian? 4. My sister can understand~~ing~~ English but not spea~~king~~ it.

3 1. conseil 2. impossibilité/incapacité 3. permission 4. probabilité 5. interdiction 6. probabilité

4 1. **a.** Children are not allowed here. 2. **b.** You mustn't come here with your dog. 3. **b.** You may eat here. 4. **c.** You mustn't turn left.

5 1. capacité 2. incapacité 3. interdiction / impossibilité : c'est impossible car interdit 4. permission 5. impossibilité.

6 1. probabilité 2. interdiction 3. probabilité 4. permission 5. probabilité 6. obligation

7 1. **a.** [passé] In the house, I **was allowed to use the telephone**.
b. [futur] When you arrive, you will **be allowed to use the telephone**.
2. **a.** [passé] When I was in the city, I **had to cross the road on the pedestrian crossing**.
b. [futur] Tomorrow, when you are in the city, you **will have to cross the road on the pedestrian crossing**.

8 1. **b.** You don't have to take a raincoat. 2. **c.** She should make an effort.

OBJECTIF BREVET

9 1. **Can** I invite Paula to come and dine with us tonight, please, Dad? 2. You **can't** use the telephone, it's out of order. 3. People **should** drive carefully on this road, it is so dangerous! 4. Tonight, we **could** go to the Chinese restaurant! What do you think? 5. Once in the castle, you **mustn't** enter the rooms when you see the 'no entry' sign.

CHAPITRE

5 Le passif

Le passif se construit en anglais comme en français. On l'emploie surtout quand on ne s'intéresse pas à l'auteur de l'action.

I Le fonctionnement du passif

A Former le passif

- Le passif se forme avec l'auxiliaire *be* + participe passé. L'auxiliaire *be* se conjugue à tous les temps et à toutes les formes. Le participe passé se forme en ajoutant *-ed* aux verbes réguliers : *work* → *worked.*

	sujet	*be* conjugué	participe passé
présent simple	The flight Le vol	is est	delayed. retardé.
prétérit simple	All the tickets Tous les billets	were ont été	sold. vendus.
present perfect	The tickets Les billets	have been ont été	reimbursed. remboursés.
pluperfect	The flight Le vol	had been avait été	cancelled beforehand. annulé auparavant.

- On peut ajouter *be* + *-ing* au passif pour exprimer une « action en cours ».

présent en *be* + *-ing*	The plane L'avion	is being est en train d'être	repaired. réparé.
prétérit en *be* + *-ing*	The plane L'avion	was being était en train d'être	dismantled. démonté.

- On peut employer le passif après un **modal**. Dans ce cas, *be* n'est pas conjugué.

It **must** be done quickly and it **will** be done as soon as possible.
Ce doit être fait rapidement et ce sera fait dès que possible.

B Le complément d'agent

- S'il y a un complément d'agent, il est introduit par ***by*** (par).

Look at this tree! It was struck by lightning.
Regarde cet arbre ! Il a été frappé par la foudre.

- Mais le plus souvent, on ne mentionne pas l'agent au passif, parce qu'on ne s'y intéresse pas ou parce qu'il est évident ou parce qu'il n'est pas connu.

Our mayor was relected last year.
Notre maire a été réélu l'année dernière.
[Ici l'agent n'est pas mentionné car il est évident : ce sont les électeurs /*the voters.*]

C Traduire le passif

- On peut traduire le passif anglais par un passif français, mais on peut aussi le traduire avec « on ».

It must be done quickly and it will be done as soon as possible.
On doit le faire rapidement et **on** le fera dès que possible.

The plane is being repaired.
On est en train de réparer l'avion.

English spoken.
On parle anglais.

ATTENTION !

- Quand « on » signifie « nous », on le traduit par *we*.

On est heureux, Tim et moi.
We're happy, Tim and I.

- Quand « on » signifie « n'importe qui », on le traduit par *you*.

On ne peut pas vivre avec si peu d'argent.
You can't live with so little money.

- Les verbes ***believe, know, say*** et ***think*** s'emploient au passif suivis d'un infinitif. On traduit par « on croit/on sait/on dit/on pense que ».

She is known to be calm but her sister is said to be hot-tempered.
On sait qu'elle est calme mais on dit que sa sœur est colérique.

II Le cas des verbes à particule

Certains verbes sont composés de deux mots : le verbe proprement dit, qui se conjugue, et un petit mot, appelé particule, qui change le sens du verbe.

take: prendre
take sth back: rapporter qqch.
take off (a shirt): enlever (une chemise)
take sth away: enlever qqch.
take off: (avion) décoller
take over: prendre le pouvoir

ZOOM

Verbes à particule à retenir

verbes simples	verbes + particule
break (casser)	*break down* (tomber en panne)
bring (apporter)	*bring up* (élever)
call (appeler)	*call back* (rappeler)
carry (porter)	*carry on* (continuer)
close (fermer)	*close down* (fermer définitivement)
come (venir)	*come back* (revenir)
drink (boire)	*drink up* (finir son verre)
drop (laisser tomber)	*drop by* (passer [chez quelqu'un])
eat (manger)	*eat out* (aller au restaurant)
find (trouver)	*find out* (découvrir)
get (obtenir)	*get up* (se lever)
give (donner)	*give up* (abandonner)
go (aller)	*go on* (continuer)
move (bouger)	*move out* (déménager)
put (mettre)	*put off* (remettre à plus tard) *put on* (mettre [des vêtements])
turn (tourner)	*turn off* (éteindre)
wash (laver)	*wash up* (faire la vaisselle)
write (écrire)	*write down* (noter)

■ Quand un verbe est suivi d'une particule, celle-ci est conservée telle quelle au passif. Dans les verbes *bring up* (élever) et *turn off* (éteindre), *up* et *off* sont des particules.

I was brought up in a small town in the countryside.
J'ai été élevé dans une petite ville à la campagne.

The lights were turned off during the performance.
On a éteint les lumières pendant la représentation.

■ Quand un verbe à particule est suivi d'un **complément**, deux ordres sont possibles (avant ou après la particule).

Don't turn off the light. Don't turn the light off.
N'éteins pas la lumière.

Cependant, si le complément est un pronom (*it, them, that, me...*), un seul ordre est possible (pronom complément avant la particule).

Don't turn it off, please.
Ne l'éteins pas, s'il te plaît.

III Le cas des verbes à deux compléments

■ Certains verbes peuvent avoir deux compléments. Voici les principaux : *buy* (acheter), *bring* (apporter), *give* (donner), *send* (envoyer), *show* (montrer), *teach* (enseigner), *tell* (dire), *write* (écrire).

■ La place des compléments peut varier sauf si l'objet est un pronom.

construction 1	**construction 2 (obligatoire avec pronom complément objet)**
give + **personne** + objet	*give* + objet + *to* + **personne**
They gave Jessie a book.	They gave a book to **Jessie**. They gave it to **Jessie**.
Ils ont donné un livre à Jessie. Ils l'ont donné à Jessie.	

Emma taught my daughter this song.
Emma taught this song to my daughter.
Emma a appris cette chanson à ma fille.

■ Au passif, deux constructions sont possibles. On peut placer en début de phrase passive soit la personne (*Jessie*), soit l'objet (*a discount*) :

Jessie was given a discount.
A discount was given to Jessie.
Une remise a été faite à Jessie.

Cependant, si l'objet est un pronom, un seul ordre est possible :

It was given to Jessie.
Il a été donné à Jessie.

RÉCAPITULONS

- Passif anglais : se traduit par un passif ou par « on ».
- Verbes à particule : certains verbes sont suivis d'une particule (*away*, *back*, *off*, *over*, *up*…). Celle-ci change le sens du verbe.
- Verbes à double complément : en anglais, ces verbes ont deux constructions possibles, contrairement au français.

Raconter sans dire qui fait l'action

L'EXEMPLE COMMENTÉ

Écoute ce document sur le site www.prepabac.com/media.
Nathalie et Patrick écrivent un mail : ils ont été cambriolés !

An e-mail from Patrick and Nathalie

Hi guys,
I have some bad news. When we arrived back from our holiday last night we found that our house had been burgled. Quite a few small things were stolen. The cash under our mattress was taken too. But fortunately, nothing was damaged, except for the front door, which was forced.
I don't know if you remember, but I was given a Chinese vase on my twentieth birthday. They didn't take it. They didn't take the painting in our living room either. It was painted by Patrick, who is upset that they didn't take it! Clearly, those robbers have no taste.
Love
Nathalie and Patrick

- On emploie le passif ici car on ne sait pas qui a fait l'action. Nathalie et Patrick ne connaissent pas les cambrioleurs !

- Le récit est au passé puisque l'événement a eu lieu antérieurement à la narration.

- Le passif s'emploie au *pluperfect, had been burgled,* car l'action est antérieure au moment décrit dans *When we arrived last night.*

Le passif s'emploie au prétérit (*was* ou *were* + participe passé) dans le reste du texte parce que l'action est révolue : le cambriolage s'est produit les jours précédant le retour de Nathalie et Patrick.

- Le verbe *give* a deux compléments et a deux constructions possibles au passif : *I was given a Chinese vase* ou *a Chinese vase was given to me.* La première construction est plus fréquente.

- On n'emploie pas souvent le complément d'agent. Quand il apparaît, il est introduit par *by* : *by Patrick.* On utilise le complément d'agent quand il est important. Ici on met en valeur la personne qui a peint le tableau : *Patrick.*

VERS LE DNB

- Tu peux avoir besoin du passif lorsque tu racontes une histoire et que tu ignores qui a commis l'action (*At the beginning, someone was murdered…*). Tu peux aussi fréquemment utiliser le passif dans les rédactions de biographies (*His first novel was published in 1897*) mais fais attention de ne pas confondre sa construction avec celle du prétérit à la forme active.

- En compréhension, l'identification de la forme passive est capitale pour ne pas faire de contresens. Par exemple, *He was assassinated in 1963* ne veut pas dire qu'il a assassiné quelqu'un (*He has assassinated someone*) mais qu'il a été assassiné.

SE TESTER QUIZ

1 Quelle est la bonne traduction pour les phrases suivantes ?

1. Ce jeu a déjà été utilisé.

a. ☐ This game is already used.
b. ☐ This game has already been used.

2. Il se leva.

a. ☐ He was standing.
b. ☐ He stood up.

3. On m'a montré une montre à gousset.

a. ☐ I was shown a fob watch.
b. ☐ I showed a fob watch.

4. Le coussin a été nettoyé.

a. ☐ The cushion has been cleaning.
b. ☐ The cushion has been cleaned.

5. Elle a été élevée par sa tante.

a. ☐ She has been brought up by her aunt.
b. ☐ She was brought up with her aunt.

S'ENTRAÎNER

2 Souligne les phrases qui sont au passif.

1. I was really happy to learn more about Chile thanks to that presentation.
2. She has been introduced to the Queen in person!
3. They were listening to a BBC radio programme when they heard someone scream.
4. It is widely known that ape intelligence is comparable to that of a five-year-old human.
5. Lord Voldemort will be killed in the last Harry Potter book.
6. Were you aware of the fact when you first joined this organisation?

3 Un meurtre a été commis. Tu rédiges ton rapport, mais tu ne veux pas préciser qui a fait quoi pour l'instant. Utilise le passif en t'aidant de l'exemple. Attention aux temps !

Someone killed Mr Peterson yesterday.
→ *Mr Peterson was killed yesterday.*

1. Mrs Peterson discovered the body this morning.
→ ....

2. The coroner has found nothing in the victim's blood.
→ ....

3. The wife heard a noise yesterday at 10 p.m.
→ ....

4. Tonight, I will ask the maid questions about her boss.
→ ....

4 Utilise la forme passive pour conjuguer le verbe au temps indiqué entre parenthèses.

1. Hier, on m'a donné un ours en peluche. *(prétérit)*
Yesterday, I ... (give) a teddy bear. / Yesterday, a teddy bear ... (give) to me.

2. Oh non ! Mon sac a été volé. *(present perfect)*
My bag ... (steal).

3. Ce soir, l'arbre sera abattu. *(will + V)*
Tonight, the tree ... (cut down).

4. On considère que c'est le plus grand gratte-ciel du monde. *(présent simple)*
It ... (consider) to be the tallest skyscraper in the world.

5. Le boulot peut être fait par n'importe qui. *(can)*
The job ... (do) by anyone.

5 Quelles particules faut-il ajouter aux verbes suivants pour finaliser les traductions ? Choisis parmi les sept propositions (chacune n'est utilisée qu'une fois) : *back – on – away - off – out – down – up.*

1. noter : *write* ....
2. éteindre : *turn* ....
3. déménager : *move* ....
4. abandonner : *give* ....
5. revenir : *come* ....
6. mettre (des vêtements) : *put* ....
7. emporter : *take* ....

OBJECTIF BREVET

6 Entoure les propositions qui conviennent pour traduire les phrases suivantes. Plusieurs réponses sont possibles.

1. Enlève-le (le plat).
a. Take it away. **b.** Take it. **c.** Take the dish away.

2. Je la mets (ma veste).
a. I put on my jacket. **b.** I put my jacket on. **c.** I put it on.

3. Éteins (la lumière).
a. Turn off the light. **b.** Turn it on. **c.** Turn it off.

4. Ne laisse pas tomber (cette idée).
a. Don't give up. **b.** Don't give it up. **c.** Don't give up this idea.

5. On lui a donné une prime.
a. She was given a bonus. **b.** A bonus was given to her. **c.** It was given a bonus.

SE TESTER

1 1. **b.** This game has already been used. 2. **b.** He stood up. 3. **a.** I was shown a fob watch. 4. **b.** The cushion has been cleaned. 5. **a.** She has been brought up by her aunt.

S'ENTRAÎNER

2 2. She has been introduced to the Queen in person! 4. It is widely known that ape intelligence is comparable to that of a five-year-old human. 5. Lord Voldemort will be killed in the last Harry Potter book.

3 1. The body was discovered this morning. 2. Nothing has been found in the victim's blood. 3. A noise was heard yesterday at 10 p.m. 4. Tonight, the maid will be asked questions about her boss. / Tonight, questions will be asked to the maid about her boss.

4 1. Yesterday, I **was given** a teddy bear. / Yesterday, a teddy bear **was given** to me.
2. My bag **has been stolen**.
3. Tonight, the tree **will be cut down**.
4. It **is considered** to be the tallest skyscraper in the world.
5. The job **can be done** by anyone.

5 1. *noter :* write **down** 2. *éteindre :* turn **off** 3. *déménager :* move **out** 4. *abandonner :* give **up** 5. *revenir :* come **back** 6. *mettre (des vêtements) :* put **on** 7. *emporter :* take **away**.

OBJECTIF BREVET

6 1. **a.** Take it away. **c.** Take the dish away.
2. **a.** I put on my jacket. **b.** I put my jacket on. **c.** I put it on.
3. **a.** Turn off the light. **c.** Turn it off.
4. **a.** Don't give up. **b.** Don't give it up. **c.** Don't give up this idea.
5. **a.** She was given a bonus. **b.** A bonus was given to her.

CHAPITRE

6 V-*ing*, *to* + verbe, base verbale

Un verbe non conjugué peut avoir trois formes :
- V-*ing* (c'est-à-dire verbe + -*ing*, par exemple : *speaking*) ;
- *to* + verbe (*to speak*) ;
- la base verbale (*speak*).

Il faut savoir quand utiliser V-*ing*, *to* + verbe ou la base verbale.

I La forme V-*ing*

A V-*ing* en tant que nom verbal (verbe utilisé comme nom)

On peut employer V-*ing* comme un nom verbal. Dans ce cas, on traduit V-*ing* par un infinitif ou par un nom.

Reading is my favourite pastime.
Lire / La lecture est mon passe-temps favori.

Running keeps you healthy.
Courir / La course vous maintient en bonne santé.

What I prefer is walking.
Ce que je préfère, c'est marcher / c'est la marche.

B Les principaux verbes suivis de V-*ing*

- Verbes qui expriment ce que l'on aime ou pas : *enjoy* (apprécier), *hate* (détester), *like*/ *love* (aimer), *prefer* (préférer)…

I like reading fairy tales. My brother prefers reading comic books.
J'aime lire des contes de fées. Mon frère préfère lire des bandes dessinées.

- Verbes qui expriment un début, une fin, une continuité : *begin*/ *start* (commencer), *continue*/ *go on*/ *keep* (continuer), *finish* (terminer), *give up*/ *stop* (arrêter)…

It started raining when I arrived.
Il s'est mis à pleuvoir quand je suis arrivé.

VERBES SUIVIS DE V-*ING* OU DE *TO* + VERBE

Les verbes *begin*, *continue*, *hate*, *like*, *love*, *prefer*, *start* peuvent aussi être suivis de *to* + verbe.

I like to read fairy tales.

It started to rain.

■ **Autres formes verbales suivies de V-*ing*** : *avoid* (éviter), *be busy* (être occupé à faire quelque chose), *can't help* (ne pas s'empêcher), *can't stand/bear* (ne pas supporter), *mind* (déranger), *it's no use* (il est inutile de), *be worth* (valoir la peine), *remember* (se souvenir)…

I can't help watching TV.
Je ne peux pas m'empêcher de regarder la télé.

Do you mind looking after my bike?
Ça te dérange de surveiller mon vélo ?

It's not worth repairing your computer.
Ça ne vaut pas la peine de réparer ton ordinateur.

ATTENTION !

Avec **would** *like*, **would** *love*, **would** *hate* et **would** *prefer*, on emploie *to* + verbe et non V-*ing*.

I would like to learn another language. (I would like ~~learning~~…)
J'aimerais apprendre une autre langue.

C Prépositions suivies de V-*ing*

■ Si on veut utiliser un verbe après une préposition (*after, before, for, from, of, with, without…*), on doit utiliser V-*ing*.

I'm proud of being their friend.
Je suis fier d'être leur ami.

They left without saying goodbye.
Ils sont partis sans dire au revoir.

ATTENTION !

- Dans *be used to* (avoir l'habitude de), *get used to* (s'habituer à), *look forward to* (avoir hâte de), *to* est une préposition. Le verbe qui suit doit donc être à la forme V-*ing*.

  She's used to getting up early.
  Elle est habituée à se lever tôt.

  I look forward to being on holiday.
  Il me tarde d'être en vacances.

- L'expression *How/What about...?* (Et si... ?) est aussi suivie de V-*ing*, puisque *about* est une préposition.

  How about calling Abdul? (What about calling Abdul?)
  Et si on appelait Abdul ?

- Quelques verbes ou expressions sont suivis de *for* + V-*ing* pour exprimer la cause : *apologize* (s'excuser), *be sorry* (être désolé), *congratulate* (féliciter), *forgive* (pardonner), *thank* (remercier).

  I'm sorry for being late.
  Je suis désolé d'être en retard.

  Thank you for helping my little brother.
  Merci d'avoir aidé mon petit frère.

II *To* + verbe

- Les verbes suivis de *to* + verbe annoncent souvent quelque chose qui est à faire : *advise* (conseiller), *agree* (être d'accord), *ask* (demander), *choose* (choisir), *decide* (décider), *expect* (s'attendre à), *force* (forcer), *hope* (espérer), *manage* (réussir à), *promise* (promettre), *refuse* (refuser), *seem* (sembler), *try* (essayer), *want* (vouloir), *wish* (souhaiter)...

  Oliver asked Sue to help him.
  Oliver a demandé à Sue de l'aider.

  I refuse to listen to them.
  Je refuse de les écouter.

- Le verbe *try* peut aussi être suivi de V-*ing*.

  I tried to call her. [I tried calling her.]
  J'ai essayé de l'appeler.

ATTENTION !

Le verbe *want* n'est **jamais** suivi de *that* + proposition. Il faut donc faire attention à la traduction de « vouloir que... » : il faut utiliser *want... to*.

I want you to help me and I want Laura to come here.
Je veux que tu m'aides et je veux que Laura vienne ici.

- *To* + verbe peut signifier *in order to* + verbe, c'est-à-dire « afin de ». Dans ce cas, *to* est suivi de l'infinitif.

  I called them to warn them.
  Je les ai appelés afin de les prévenir.

III La base verbale

A Principaux verbes suivis d'une base verbale

Les principaux verbes suivis d'une base verbale sont *help* (aider), *make* (faire) et *let* (laisser).

- *Help* peut aussi être suivi de *to* + verbe.

  Can you help me [to] do this exercise?
  Tu peux m'aider à faire cet exercice ?

- *Make* + base verbale correspond à « faire + verbe ».

  The teacher made us work hard.
  La prof nous a fait travailler dur.

  You make me laugh!
  Tu me fais rire !

- *Let* est proche de *allow* (permettre) mais *allow* est suivi de *to*.

  My mother lets me use her computer. [My mother allows me **to** use her computer.]
  Ma mère me laisse utiliser son ordinateur.

B Autres emplois de la base verbale

- **Les verbes de perception *hear, see* et *watch* sont suivis de la base verbale ou de V-*ing*.**

  I saw him cry and then I heard him laugh! (I saw him crying and then I heard him laughing!)
  Je l'ai vu pleurer et ensuite je l'ai entendu rire !

- **Si on veut utiliser un verbe après *Why*, on utilise la base verbale.**

  Why make a fuss?
  Pourquoi faire des histoires ?

RÉCAPITULONS

- Certains verbes sont suivis de V-*ing* : *I enjoy reading*.
- D'autres sont suivis de *to* + verbe : *I want to read*.
- Avec des verbes comme *begin* et *like*, on a le choix : *I like reading* ou *I like to read*.
- Retiens bien les verbes qui sont présentés dans la leçon.

Demander de l'aide

L'EXEMPLE COMMENTÉ

Écoute ce document sur le site www.prepabac.com/media.

Jeff demande à Linda de l'aider à rédiger une dissertation.

Jeff is asking Linda to help him

JEFF – Linda, could you help me write my essay? I really like working with you. You make me feel bright.

LINDA – Stop asking for my help. I want you to work on your own.

JEFF – I know but I need to write it now and I have nothing to say… I began thinking about it last week, but I can't help thinking that you would have great ideas.

LINDA – All right then. What's the essay about?

JEFF – The essay topic is: "Why is self-reliance so important?"

- Le verbe ***help*** est suivi de la base verbale, mais on aurait aussi pu écrire : *help me **to** write…* Le verbe ***make*** est toujours suivi de la base verbale.
- Les verbes *want* et *need* sont suivis de *to* + verbe. Attention à ne pas calquer sur le français avec *want* : *I want you to work* et non ~~*I want that you work*~~ !
- Les autres verbes sont suivis de V-*ing* : *like work**ing**, stop ask**ing**, began think**ing**, can't help think**ing***. Avec *like* et *began*, on aurait aussi pu employer *to* + verbe : *I like to work, I began to think*. Après *stop* et *can't help*, on ne peut avoir que V-*ing*.

VERS LE DNB

- Tu as besoin de connaître les constructions des verbes pour raconter par exemple l'intrigue d'une histoire ou d'un livre, et préciser comment les personnages interagissent (il lui fait croire que…, il l'oblige à…, il la laisse faire…).
- Tu peux aussi avoir à dire ce qui te plaît, et pourquoi. Les constructions avec les verbes de goût sont courantes et utiles. Ne te trompe pas, utilise V -*ing* !
- Grâce à ces constructions, tu peux faire des suggestions ou exprimer ton souhait ou ton avis sur une proposition qui t'est faite : *I would like to go there tonight. Do you want to come with me?*

SE TESTER QUIZ

1 Pour compléter les traductions, coche la proposition qui convient.

1. J'évite de lui parler.
I avoid … to him — a. ☐ to talk — b. ☐ talking

2. J'adore la natation.
I love … — a. ☐ swimming — b. ☐ swim

3. Ma mère me laisse voir qui je veux.
My mum lets me … who I want. — a. ☐ see — b. ☐ to see

4. Merci de m'aider.
Thanks … me. — a. ☐ to help — b. ☐ for helping

5. Mon ami veut que j'aille avec lui.
My friend wants … go with him. — a. ☐ that I — b. ☐ me to

S'ENTRAÎNER

2 Choisis la forme qui convient.

1. … (Swim / To swim / Swimming) is my favourite sport.
2. … (Criticise / To criticise / Criticising) is what he does best.
3. Stop … (complain / to complain / complaining)!
4. She would like … (pass / to pass / passing) that exam.
5. She avoids … (mention / to mention / mentioning) her divorce.
6. It's not over! Keep … (run / to run / running)!
7. She made me … (eat / to eat / eating) peas! Yuk!

3 Choisis la forme qui convient.

1. I can't stand … (wait / to wait / waiting).
2. I look forward to … (hear / hearing) your presentation.
3. My parents are used to … (quarrel / quarrelling) about trifles.
4. She did it without … (notice / to notice / noticing) anything.
5. My sister is proud of … (be / to be / being) the first in the family to graduate.

6. Sorry for ... (be /to be /being) late.
7. Mrs Spook heard someone ... (scream / to scream / screaming) that night.
8. Thank you for ... (answer / to answer / answering) me.
9. I want ... (become / to become / becoming) an engineer.

OBJECTIF BREVET

4 Complète cette lettre en utilisant les verbes entre parenthèses à la bonne forme : V, *to* + V ou V-*ing*.

Dear Percy,
I apologise for ... (not/write) sooner,
but I have been very busy ... (learn) about
gastronomy and food in my new school.
I have decided ... (work) very hard this year
because I want ... (get) my diploma
and ... (become) a chef. Before ... (open)
a restaurant, I know I must improve my skills!
My parents have promised ... (help) me
... (open) it, but I can't help ... (wonder)
if I am truly able to do that, you know.
I know you would advise me ... (have)
confidence in my abilities, but it's hard!
Looking forward to ... (hear) from you,
Grover

5 Traduis les phrases suivantes.

1. Quand il commença à pleuvoir, elle arrêta de jardiner.
2. Il ne peut pas s'empêcher de sourire.
3. Je m'attends à recevoir une mauvaise nouvelle.
4. J'aide John à réviser tous les soirs.

POUR T'AIDER

commencer à : begin to + V ou begin + V-*ing*
ne pas s'empêcher de : can't help + V-*ing*
s'attendre à : to expect to + V
une mauvaise nouvelle : bad news
arrêter de : to stop + V-*ing*
jardiner : to garden
réviser : to revise

SE TESTER

1 **1.** I avoid talking to him. **2.** I love swimming. **3.** My mum lets me see who I want **4.**Thanks for helping me. **5.** My friend wants me to go with him.

S'ENTRAÎNER

2 **1.** Swimming is my favourite sport. **2.** Criticising is what he does best. **3.** Stop complaining! **4.** She would like to pass that exam. **5.** She avoids mentioning her divorce. **6.** It's not over! Keep running! **7.** She made me eat peas! Yuk!

3 **1.** I can't stand waiting. **2.** I look forward to hearing your presentation. **3.** My parents are used to quarrelling about trifles. **4.** She did it without noticing anything. **5.** My sister is proud of being the first in the family to graduate. **6.** Sorry for being late. **7.** Mrs Spook heard someone scream / screaming that night. **8.** Thank you for answering me. **9.** I want to become an engineer.

OBJECTIF BREVET

4 Dear Percy,

I apologise for not writing sooner, but I have been very busy learning about gastronomy and food in my new school. I have decided to work very hard this year because I want to get my diploma and (to) become a chef. Before opening a restaurant, I know I must improve my skills! My parents have promised to help me (to) open it, but I can't help wondering if I am truly able to do that, you know. I know you would advise me to have confidence in my abilities, but it's hard!

Looking forward to hearing from you,

Grover

5 **1.** When it began raining (/to rain), she stopped gardening. **2.** He can't help smiling. **3.** I expect to get (/receive) bad news. **4.** I help John (to) revise every night.

CHAPITRE

7 Le nom, le génitif, les possessifs

Contrairement au français, l'anglais fait une différence fondamentale entre noms **dénombrables** et noms **indénombrables**.
Pour exprimer la possession avec un nom, on peut employer un **génitif**, un **déterminant possessif** ou un **pronom possessif.**

I Le nom

A Noms dénombrables et noms indénombrables

■ Les noms **dénombrables** sont des noms que l'on peut compter avec des mots comme *a, two, many*. On peut dire *a house* (une maison), *two houses* (deux maisons), *many houses* (beaucoup de maisons) : le nom *house* est donc dénombrable.

■ Les noms **indénombrables** sont des noms que l'on ne peut pas compter. Un nom comme *information* (renseignement) ne peut pas être précédé de *a, two* ou *many* : ~~*an information, two informations, many informations*~~. En effet, le nom *information* est indénombrable.

■ De nombreux noms sont indénombrables, notamment ceux qui désignent :
- un aliment : *bread* (le pain), *cheese* (le fromage)…
- des liquides : *tea* (le thé), *water* (l'eau)…
- des matières : *gold* (l'or), *money* (l'argent)…
- des termes abstraits : *honesty* (l'honnêteté), *love* (l'amour)…

LES NOMS INDÉNOMBRABLES À RETENIR

advice	des conseils	fruit	des fruits
furniture	des meubles	hair	des cheveux
information	des renseignements	luggage/baggage	des bagages
news	des nouvelles	toast	des toasts, du pain grillé

Il ne faut surtout pas calquer le français avec ces noms. En français, on peut dire « un bagage » ; en anglais on ne peut pas dire ~~*a baggage*~~.

■ Les noms indénombrables ne se mettent pas au pluriel et sont suivis d'un verbe au singulier. Mais ils se traduisent souvent en français par un pluriel.

Their advice is useful.
Leurs conseils sont utiles.

My furniture is new.
Mes meubles sont neufs.

The news is excellent.
Les nouvelles sont excellentes.

Where is the toast?
Où sont les toasts ?/ Où est le pain grillé ?

■ Si on veut insister sur l'unité, on peut employer *a piece*: *a piece of advice* (un conseil), *a piece of fruit* (un fruit), *a piece of furniture* (un meuble), *a piece of information* (un renseignement).

■ Pour dire « des conseils », « des fruits », « des renseignements », on utilise *some* suivi du nom au singulier : *some advice, some fruit, some information.* Le verbe qui suit est au singulier.

Some luggage has arrived on the carousel.
Des bagages sont arrivés sur le tapis roulant.

ATTENTION !

Quand on parle des cheveux de quelqu'un, le nom *hair* est au singulier. Mais on peut dire *a hair* pour désigner un cheveu.

Your hair is so beautiful. Can I touch it? ~~Your hairs are...~~
Tes cheveux sont si beaux. Je peux les toucher ?

There's a hair in my tea.
Il y a un cheveu dans mon thé.

B Le pluriel des noms dénombrables

■ La plupart des noms prennent un *-s* au pluriel :

a computer → two computers one car → ten cars

Le *-s* du pluriel se prononce /s/ après les consonnes sourdes /f/, /k/, /p/, /t/. Il se prononce /z/ dans tous les autres cas.

■ Quelques noms font leur pluriel en ***-es***.

Noms qui se terminent par *-s, -x, -sh, -ch* :

a bus → two buses   a brush → two brushes   a church → two churches

Quelques noms qui se terminent par *-o* :

a potato → potatoes   a tomato → tomatoes

Noms qui se terminent par consonne + *-y* avec transformation du *y* en *i* :

a ferry → two ferries

Noms qui se terminent par *-f(e)* avec transformation du *f* en *v* :

a half → halves   a knife → knives   a wolf → wolves   mais a roof → roofs

Le *-es* après *-s, -x, -sh, -ch* se prononce /ɪz/ : *buses, faxes, brushes, churches.*

QUELQUES PLURIELS IRRÉGULIERS

child (un enfant) → *children*
man (un homme) → *men*
ox (un bœuf) → *oxen*
woman (une femme) → *women*
foot (un pied) → *feet*
mouse (une souris) → *mice*
tooth (une dent) → *teeth*

■ Quelques noms sont **invariables**.

a deer → two deer   a fish → two fish   a sheep → two sheep

C Quelques noms particuliers

■ Les objets qui sont en deux parties symétriques sont toujours au pluriel : *pyjamas* (un pyjama), *shorts* (un short), *trousers* (un pantalon).

Your trousers are dirty. I'm going to wash them.
Ton pantalon est sale. Je vais le laver.

■ Les noms *people* (les gens, les personnes) et *police* (la police) sont pluriels.

There are a lot of people! The police are here too.
Il y a beaucoup de monde ! La police aussi est là.

There was one **person** in the red car but I saw five **people** in the black one.
Il y avait une personne dans la voiture rouge mais j'ai vu cinq personnes dans la noire.

■ Les noms de pays au pluriel sont suivis d'un verbe au singulier.

The United States is larger than Mexico.
Les États-Unis sont plus grands que le Mexique.

- Les noms de science en *-ics* sont singuliers.

  Mathematics is my favourite subject. But physics is interesting too.
  Les mathématiques sont ma matière préférée. Mais la physique est également intéressante.

II Le génitif (*John's bike* : le vélo de John)

On emploie le génitif pour exprimer la possession ou bien un lien de parenté. On parle parfois de « cas possessif ».

A Formation du génitif : *'s* ou *'* ?

- Il faut choisir entre *'s* et *'*. L'ordre des mots est l'inverse du français.

nom singulier + *'s*	nom pluriel + *'*	pluriel irrégulier + *'s*
Jack's computer l'ordinateur de Jack Jack's father le père de Jack	my parents' car la voiture de mes parents	the children's toys les jouets des enfants

- Pour le génitif d'un nom au singulier qui se termine par *-s*, on ajoute *'s*.

  Charles's mother
  la mère de Charles

ATTENTION !
Avec un nom propre, on n'emploie pas *the* : ~~*the*~~ *Jack's computer*, ~~*the*~~ *Jack's father*.

B Nom sous-entendu après le génitif

- Si le nom a déjà été mentionné, il peut être omis.

  "Whose bike is this?" "It's Kate's [= Kate's bike]."
  « À qui est ce vélo ? – Il est à Kate. »

  I don't like Kate's bike. I prefer Tariq's [= Tariq's bike].
  Je n'aime pas le vélo de Kate. Je préfère celui de Tariq.

■ Les noms *cathedral, church, hospital, house* ou *shop* peuvent être sous-entendus après *'s*.

I've never seen Saint Paul's (Cathedral).
Je n'ai jamais vu la cathédrale Saint-Paul.

My doctor works at Saint-Mary's (Hospital).
Mon médecin travaille à l'hôpital Saint-Mary.

My sister is staying at Dominique's (house) at the moment.
Ma sœur loge chez Dominique en ce moment.

I need to go to the baker's (shop).
Je dois aller chez le boulanger.

C Génitif ou « nom + *of* + nom » ?

■ Pour indiquer la possession, on emploie le génitif uniquement avec les noms qui désignent une personne, un animal, une collectivité d'individus ou un pays, une date.

Jack's car
la voiture de Jack

tomorrow's world
le monde de demain

my cat's habits
les habitudes de mon chat

the staff's working conditions
les conditions de travail du personnel

Scotland's legal system
le système juridique de l'Écosse

■ Dans les autres cas, on utilise « nom + *of* + nom ».

the door of this house
la porte de cette maison

at the bottom of the page
au bas de la page

ATTENTION !

On dit *a novel* ***by*** *Dickens* (un roman **de** Dickens), *a painting* ***by*** *Turner* (un tableau **de** Turner). La préposition *by* signifie « par ». On sous-entend donc : *a novel written by Dickens, a painting painted by Turner*.

III Les possessifs

On distingue les déterminants possessifs et les pronoms possessifs.

déterminants possessifs		pronoms possessifs	
my	mon, ma, mes	mine	le(s) mien(s), la mienne, les miennes
your	ton, ta, tes, votre, vos	yours	le(s) tien(s), la tienne, les tiennes, le vôtre, la vôtre, les vôtres
his/her/its	son, sa, ses	his/hers/its	le(s) sien(s), la sienne, les siennes
our	notre, nos	ours	le(s) nôtre(s), la nôtre
their	leur, leurs	theirs	le(s) leur(s), la leur

ATTENTION !

À la 3e personne du singulier, on choisit le possessif en fonction du possesseur. Pour traduire « son, sa, ses », il faut savoir si le possesseur est un homme, une femme ou un objet.

- *John* (possesseur masculin) → ***his***

his name (son nom), *his sister* (sa sœur), *his books* (ses livres)

- *Jane* (possesseur féminin) → ***her***

her name (son nom), *her sister* (sa sœur), *her books* (ses livres)

- *A flower*, une fleur (possesseur neutre) → ***its***

its name (son nom), *its colour* (sa couleur), *its roots* (ses racines)

RÉCAPITULONS

- Certains noms très fréquents sont indénombrables. On dit *Your hair is dirty* (Tes cheveux sont sales) : le nom et le verbe sont au singulier !
- Quand « nom + de + nom » exprime la possession (la voiture de ma mère), on traduit par un génitif : *my mother's car*.
- Retiens bien les déterminants possessifs (*my, your, his*...) et les pronoms possessifs (*mine, yours, his*...).

Dire à qui appartient quelque chose

L'EXEMPLE COMMENTÉ

Écoute ce document sur le site www.prepabac.com/media.

Grace et Emma sont deux cousines. Elles parlent d'une autre cousine, Liz.

A conversation between two cousins

GRACE – Whose phone is this? Is it mine or yours?
EMMA – Neither. It's Liz's.
GRACE – Who's Liz?
EMMA – Aunt Sally's daughter! Your mother's niece! She's your cousin!
GRACE – OK, don't get upset. I hate that sense of superiority.
EMMA – Can't you remember your cousin's name?
GRACE – Actually I never call her "Liz", I use her full name "Elizabeth". I find "Liz" extremely vulgar.

- On emploie *whose* pour demander à qui appartient quelque chose.
- On peut répondre à *whose* par un pronom possessif: *mine* (le mien, la mienne, les miens, les miennes), *yours* (le tien, la tienne, les tiens, les tiennes ou le vôtre, la vôtre, les vôtres), etc.
- Les déterminants possessifs sont toujours suivis d'un nom: *her full name, your cousin.*

Attention, *her* peut être un déterminant possessif (*her full name*) ou un pronom personnel complément: "*I never call her Liz*".

- On peut aussi répondre à *whose* par un génitif: *Liz's*. Ici le nom (*phone*) est sous-entendu. Mais le plus souvent le génitif est suivi d'un nom: *your cousin's name, Aunt Sally's daughter*.

VERS LE DNB

- En compréhension, il est crucial de bien connaître les déterminants possessifs pour comprendre les textes courts: que le possesseur soit masculin (*his*) ou féminin (*her*) change tout!

De même en expression, si tu dois rédiger la biographie d'un personnage, ne te trompe pas!

- Tu dois pouvoir parler des liens de parenté, de ta famille, et décrire les membres qui la composent. Le génitif est alors incontournable.

SE TESTER QUIZ

1 Choisis la traduction correcte.

1. Ses cheveux sont bruns.

a. ☐ His hairs are browns. b. ☐ His hairs are brown.
c. ☐ His hair is brown.

2. C'est la voiture de ma mère…
a. ☐ This is the car's mother. b. ☐ This is my mother's car.
c. ☐ This is my car's mother.

3. … et ça, c'est son vélo.
a. ☐ And that's his bike. b. ☐ And that's her bike.
c. ☐ And that's their bike.

4. Il y avait 10 personnes.
a. ☐ There were ten people. b. ☐ We were ten persons.
c. ☐ There is ten people.

5. Le chat de mes amis s'appelle Garfield.
a. ☐ My friends' cat is called Garfield. b. ☐ My friend's cat is called Garfield.
c. ☐ My cat's friend is called Garfield.

S'ENTRAÎNER

2 Souligne en bleu les noms dénombrables et en vert les indénombrables (attention : les deux sont parfois possibles).

horse – bike - money - information – bread – envelope – news – book – hair – furniture – pencil – tea – chair – girl – meat

3 En t'aidant de l'exercice précédent, choisis maintenant parmi les propositions suivantes. Plusieurs solutions sont parfois possibles.

1. … (This news / This piece of news / These news) made me sad.
2. I need … (money / of the money / some money) if I want to change all … (the furnitures / the furniture) in the house!
3. Do you want … (a tea / a cup of tea / some tea)?
4. There are … (two envelopes / some envelope / some envelopes) on the shelf.
5. Sir! There is … (some hair / a hair / hair) in my soup!
6. My best friend has got … (a blonde hair / blonde hairs / blonde hair).

4 **Commente l'illustration en disant à qui appartient quoi, comme dans l'exemple.**

1. *It's Charles and Lucy's house.*
2. It's …
3. …
4. …
5. …

POUR T'AIDER

un voisin : a neighbour
une maison : a house
un bracelet : a bracelet
un bébé : a baby
un uniforme : a uniform

Transforme les phrases obtenues en utilisant un déterminant possessif : ***my, your, his, her, its, our*** **ou** ***their.***

a. *It's their house.*

b. ....

c. ....

d. ....

e. ....

5 **Complète les phrases suivantes en mettant les noms au pluriel.**

1. I didn't get one but TWO ... (letter)!
2. I love ... (tomato).
3. Can I have three tuna ... (sandwich), please?
4. We need six ... (knife) and twelve ... (fork).
5. My cat caught two ... (mouse) yesterday!
6. I have been walking for too long! My ... (foot) ache!
7. I saw a couple of ... (deer) in the forest where I walked.
8. They have three ... (child).
9. I don't know who these two ... (woman) are.

6 **Complète par la forme verbale qui convient : au singulier ou au pluriel.**

1. The shops ... (is / are) open at this time of the day.
2. Her three fish ... (live / lives) in a fishbowl.
3. Mathematics ... (is / are) my favourite subject.
4. This news ... (is / are) stunning!
5. My teeth ... (is / are) so bad!
6. The child who ... (live / lives) there ... (is / are) only five.
7. My trousers ... (was / were) brought back from Australia.

OBJECTIF BREVET

7 **Traduis les phrases suivantes.**

1. "Twilight" est un roman de Stephenie Meyer.
2. Ce panier est à Mrs Brown.
3. C'est le panier de mon chat, et ça, c'est son fauteuil.
4. La porte du garage est ouverte.
5. C'est le cartable de ma sœur.

POUR T'AIDER

un roman : a novel un panier : a basket un fauteuil : an armchair

SE TESTER

1 1. **c.** His hair is brown. 2. **b.** This is my mother's car. 3. **b.** And that's her bike. 4. **a.** There were ten people. 5. **a.** My friends' cat is called Garfield.

S'ENTRAÎNER

2 Dénombrables : horse, bike, envelope, book, hair, pencil, chair, girl.
Indénombrables : money, information, bread, news, hair, furniture, tea, meat.

3 1. **This news / This piece of news** made me sad. 2. I need **money / some money** if I want to change all **the furniture** in the house! 3. Do you want **a cup of tea / some tea**? 4. There are **two envelopes / some envelopes** on the shelf. 5. Sir! There is **a hair** in my soup! 6. My best friend has got **blonde hair**.

4 2. It's Charles's uniform. 3. It's Charles and Lucy's baby. 4. It's Lucy's bracelet. 5. It's Charles and Lucy's neighbours' house.

b. It's his uniform. **c.** It's their baby. **d.** It's her bracelet. **e.** It's their neighbours' house.

5 1. I didn't get one but TWO **letters**! 2. I love **tomatoes**. 3. Can I have three tuna **sandwiches**, please? 4. We need six **knives** and twelve **forks**. 5. My cat caught two **mice** yesterday! 6. I have been walking for too long! My **feet** ache! 7. I saw a couple of **deer** in the forest where I walked. 8. They have three **children**. 9. I don't know who these two **women** are.

6 1. The shops **are** open at this time of the day. 2. Her three fish **live** in a fishbowl. 3. Mathematics **is** my favourite subject. 4. This news **is** stunning! 5. My teeth **are** so bad! 6. The child who **lives** there **is** only five. 7. My trousers **were** brought back from Australia.

OBJECTIF BREVET

7 1. "Twilight" is a novel by Stephenie Meyer. 2. This basket is Mrs Brown's. / This is Mrs Brown's basket. 3. This is my cat's basket, and that is its / his/her armchair. 4. The door of the garage (/the garage door) is open. 5. This is my sister's schoolbag.

CHAPITRE

8 Les articles et les démonstratifs

Les articles et les démonstratifs sont des déterminants du nom.
Ils précèdent un nom.
the + nom → *the radio* : la radio
this + nom → *this radio* : cette radio

I Les articles

Il y a trois articles en anglais : *a (an)*, *the* et l'article Ø (absence d'article).

A L'article *a (an)*

- On emploie souvent *a (an)* comme « un, une ».

I've got a new phone.
J'ai un nouveau téléphone.

ATTENTION !
On emploie *a (an)* devant les noms de professions.
She's **an** actress. Her husband, **a** history teacher, can't always travel with her.
Elle est actrice. Son mari, prof d'histoire, ne peut pas toujours voyager avec elle.

- On utilise ***a*** devant un son de consonne et ***an*** devant un son de voyelle.

a book (un livre)	an old friend (un vieil ami)
a uniform (un uniforme)	an animal (un animal)
a European passport (un passeport européen)	an honest answer (une réponse honnête)
a year (une année)	an hour (une heure)

Les mots *uniform, European* et *year* commencent par le son /j/, qui est une consonne. Ils sont donc précédés de *a*. Dans les mots *honest* et *hour*, on ne prononce pas le *h*. Ils sont donc précédés de *an*.

■ L'article *a (an)* n'a pas de pluriel. Pour traduire « des », on emploie *some* quand « des » signifie « quelques ». Autrement, on ne met pas l'article.

"I'd like some pencils, please." "I only sell Ø pens. Sorry."
« Je voudrais des crayons, s'il vous plaît. – Je ne vends que des stylos. Désolé. »

■ On utilise *a* entre *what* et un nom dénombrable singulier (➜ p. 69) (pas d'article en français).

What a nice guy!
Quel type sympa !

EXPRESSIONS AVEC L'ARTICLE *A (AN)* À RETENIR

in half an hour : dans une demi-heure
60 kilometres an hour : 60 kilomètres à l'heure
fifty dollars a kilo : cinquante dollars le kilo
four times a year : quatre fois par an
twice a day : deux fois par jour
once a year : une fois par an
ten pounds (£10) a week : dix livres par semaine

B L'article Ø (absence d'article)

■ On emploie l'article Ø pour exprimer des **généralités**.

nom dénombrable pluriel	nom indénombrable
Spiders have eight legs. Les araignées ont huit pattes.	Meat is fatter than fish. La viande est plus grasse que le poisson.
I love red flowers. J'adore les fleurs rouges.	I prefer friendship to money. Je préfère l'amitié à l'argent.

■ On utilise aussi l'article Ø avec les noms de couleurs, de repas, de sports et de langues.

Yellow is my favourite colour.
Le jaune est ma couleur préférée.

Dinner is ready!
Le dîner est prêt !

Do you play football?
Tu joues au football ?

I like studying English.
J'aime étudier l'anglais.

EXPRESSIONS AVEC L'ARTICLE Ø À RETENIR

at home : à la maison
go home : aller à la maison
at school : à l'école
go to school : aller à l'école
on television : à la télévision
in bed : au lit
go to bed : aller au lit
by bus : en bus
by car : en voiture
on foot : à pied

Mais attention : on dit *on the radio* (à la radio).

C L'article *the*

- On emploie *the* comme « le, la, les » pour désigner une personne ou un objet **identifié.**

Hurry up, the teacher has arrived.
Dépêche-toi le prof est arrivé.

Where did you park the car?
Où as-tu garé la voiture ?

- On utilise « *the* + adjectif » pour désigner des groupes humains. L'adjectif utilisé comme nom reste invariable mais le verbe est au pluriel.

The unemployed sometimes resent the rich.
Les chômeurs en veulent parfois aux riches.

In some cities, the poor are poorer than before.
Dans certaines villes, les pauvres sont plus pauvres qu'avant.

ATTENTION !

Pour dire « les Anglais », « les Français », on emploie aussi « *the* + adjectif » : *the English*, *the French*. Il ne faut pas confondre *the English* (les Anglais) et *English* (l'anglais, la langue anglaise).

The English drink more and more coffee.
Les Anglais boivent de plus en plus de café.

My friends speak English, French and Italian.
Mes amis parlent anglais, français et italien.

ATTENTION !

Certains noms de nationalité se terminent par *-an*. On dit *an American* (un Américain), *a German* (un Allemand), *an Italian* (un Italien)... Ce sont des noms car ils peuvent être précédés de l'article *a*. Comme ce sont des noms, ils prennent un *-s* au pluriel : *the Americans*, *the Germans*, *the Italians*.
English et *French* sont des adjectifs. On ne peut pas dire ~~*an English*~~, ~~*a French*~~. Il faut dire *an Englishman*, *a Frenchman*.

■ On emploie *the*, comme « le, la », devant un élément unique et devant les instruments de musique.

the moon	the Earth	play the guitar
la lune	la Terre	jouer de la guitare

EXPRESSIONS AVEC L'ARTICLE *THE* À RETENIR

go to the bank : aller à la banque
go to the cinema : aller au cinéma
go to the doctor's : aller chez le médecin

D Noms propres : *the* ou Ø ?

■ On emploie Ø devant les noms de fonction et de titre, les noms de lacs et les noms de pays.

Queen Elizabeth
la reine Elizabeth
[mais sans le prénom : the Queen]

President Watson
le président Watson
[mais sans le nom : the President]

Doctor Miller	Lake Erie	Germany and England
le docteur Miller	le lac Érié	l'Allemagne et l'Angleterre

■ On emploie l'article *the* devant les noms de mers, de rivières et de montagnes et les noms de pays terminés par *Kingdom* ou *States*.

the Thames	the Rockies	the Mediterranean
la Tamise	les Rocheuses	la Méditerranée
the United States	the United Kingdom	
les États-Unis	le Royaume-Uni	

II Les démonstratifs

■ En anglais, avec les démonstratifs, on tient compte de ce qui est proche ou non proche de celui qui parle.

	singulier	pluriel
proche	this /ðɪs/	these /ðiːz/
non proche	that /ðæt/	those /ðəʊz/

■ Les démonstratifs peuvent être suivis d'un nom.

I can't open this door.
Je n'arrive pas à ouvrir cette porte.

That shop over there sells nice clothes.
Ce magasin là-bas vend des vêtements sympas.

■ *This* et *that* peuvent être pronoms (employés sans nom). Dans ce cas, *this* se traduit par « ce, ceci », *that* par « ce, cela, ça », *these* par « ceux-ci, celles-ci » et *those* par « ceux-là, celles-là ».

this	This is a nice place. C'est sympa comme endroit.
that	Why did you say that? Pourquoi as-tu dit ça ?
these/those	These look better than those. Ceux-ci semblent meilleurs que ceux-là. (Celles-ci semblent meilleures que celles-là.)

■ *This* et *that* peuvent être suivis de *one*: *this one* (celui-ci, celle-ci), *that one* (celui-là, celle-là).

Which do you prefer: this one or that one?
Laquelle préfères-tu : celle-ci ou celle-là ? (Lequel préfères-tu : celui-ci ou celui-là ?)

■ *This* et *these* peuvent renvoyer à ce qui est proche dans le temps, *that* et *those* à ce qui est plus éloigné dans le temps.

We're not going away this year.
Nous ne partons pas cette année.

In those days, people used to send a lot more postcards.
À cette époque-là, les gens envoyaient beaucoup plus de cartes postales.

Unfortunately, we still have to fight for democracy in this day and age.
Malheureusement, on doit encore se battre pour la démocratie de nos jours.

- **On peut aussi employer *this* et *that* pour renvoyer à ce dont on vient de parler.**

They all passed their exams. This/That really surprised everyone.
Ils ont tous réussi leur examen. Ça a vraiment surpris tout le monde.

RÉCAPITULONS

- Quand on exprime une généralité, on emploie l'article Ø : *I like Ø milk but I don't like Ø cakes*. (J'aime bien le lait, mais je n'aime pas les gâteaux.).
- Avec les démonstratifs, on tient compte de ce qui nous semble proche (*this* au singulier, *these* au pluriel) ou lointain (*that* au singulier, *those* au pluriel).

Évoquer des généralités

L'EXEMPLE COMMENTÉ

Écoute ce document sur le site www.prepabac.com/media.

William et Ella regardent une photo. Ella pose des questions sur un garçon.

William and Ella

WILLIAM – This girl on the photo is Emily, my girlfriend.

ELLA – And who's that guy behind Emily?

WILLIAM – That's Mike, Emily's brother. He's a dentist.

ELLA – He's nice!

WILLIAM – I thought you didn't like dentists?

ELLA – I hate dentists generally, but I'm ready to make an exception. Does he like music?

WILLIAM – Everybody likes music! He likes opera. He also plays rugby three times a week.

ELLA – OK, and who's that other guy next to Mike?

- William dit «*this girl*», car la fille est au premier plan sur la photo. La personne désignée à l'aide de *that* est considérée comme relativement moins proche : Mike est derrière Emily.

- William emploie l'article *the* dans *the photo,* car la photo est déjà identifiée : c'est la photo que William et Ella sont en train de regarder.

- L'article *a* s'emploie le plus souvent comme «un, une»: *make an exception* (faire une exception). Mais on utilise *a* devant un nom de métier (*He's a dentist)* et pour exprimer une régularité (*three times a week*).

- On n'emploie pas d'article quand on exprime une généralité : *I hate dentists, He likes opera.* On n'emploie pas non plus d'article devant les noms de sport : *he plays rugby.*

VERS LE DNB

- Lorsque tu parles de tes goûts ou de tes habitudes, tu évoques souvent des généralités. Pense alors à ne pas mettre de déterminant (noté Ø dans ce livre). Par contre, quand ce dont tu parles est défini, utilise *the*.

- Dans la vie courante, tu as souvent besoin de te référer à des objets, des magasins, des rues, proches ou distantes. Veille à utiliser à chaque fois le démonstratif qui convient.

Dans une biographie, dont le récit se rapporte vraisemblablement à un passé éloigné, pense à utiliser *that* (*that year* : cette année-là).

SE TESTER QUIZ

1 Coche le déterminant qui convient.

1. Do you think you could make (☐ a ☐ an ☐ the ☐ Ø) pancakes for (☐ a ☐ an ☐ the ☐ Ø) lunch?

2. She will spend her summer holidays in (☐ a ☐ an ☐ the ☐ Ø) United States, but she will try to spend some days in (☐ a ☐ an ☐ the ☐ Ø) Canada too.

3. My mother is very good at making (☐ a ☐ an ☐ the ☐ Ø) carrot cake, but she rarely cooks, only once or twice (☐ a ☐ an ☐ the ☐ Ø) week.

4. One day, I will be (☐ a ☐ an ☐ the ☐ Ø) scientist and I will find (☐ a ☐ an ☐ the ☐ Ø) treatment for this disease.

5. (☐ A ☐ An ☐ The ☐ Ø) horses are usually scared of (☐ a ☐ an ☐ the ☐ Ø) unknown sounds.

S'ENTRAÎNER

2 Complète avec le déterminant qui convient : *a* ou *an*.

1. I have wanted ... dog since I was three.
2. You should stay for ... while.
3. She earns £20,000 ... year.
4. There is ... unicorn in the garden!
5. I have ... feeling that she has already bought ... new dress.
6. I saw ... elephant at the zoo.
7. He'll be leaving in ... hour or so.

3 Choisis le déterminant qui convient : *a(n)* ou *Ø*.

1. My dog has already destroyed ... wallet and ... shoes.
2. If you buy ... motorbike, you will have to pay attention to ... traffic lights!
3. They offered her ... jewels, but the only thing that she took was ... electronic watch.
4. "Have ... cup of tea!" "No, thanks, I don't like ... tea at all."
5. What ... wonderful idea! And what ... wonderful projects!
6. This is ... incredible news!
7. I'd like to be ... astronaut when I'm older.

4 **Choisis le déterminant qui convient : *the* ou Ø.**

1. She speaks … English fluently. She has already lived in … United Kingdom and even in … Australia. She thinks … English are nice but original.

2. My sister likes … blue so she always wears … blue clothes. She plays … hockey for … fun. She's looking forward to stopping … school and beginning to work, in order to earn … money.

3. I gave my dog … bone that I found in … woods, but he refused to eat it. It was in fact made of … plastic!

4. I usually love … science fiction stories, but I didn't like … story we studied in … class.

5 **Donne la traduction qui convient pour chaque groupe nominal souligné.**

1. <u>Les Anglais</u> ont la réputation de boire beaucoup de thé.
2. <u>Le Président Obama</u> avait décidé de se rendre au Moyen-Orient.
3. <u>Les jeunes</u> ont manifesté à Paris.
4. <u>Lady Diana</u> est morte en 1997.
5. Hillary a atteint le sommet du <u>mont Everest</u> en 1953.
6. <u>À la maison</u>, <u>le petit déjeuner</u> est très important.

OBJECTIF BREVET

6 **Complète les phrases des illustrations avec *this* / *these* ou *that* / *those*.**

1.

How can you wear .... trousers?

2.

No, I don't like .... shirt. But could you show me .... grey shirts over there?

3.

I can't stand ..... boy! Look at ..... haircut.
Yeah... And look at ..... inscriptions on his T-shirt!

4.

SE TESTER

1 **1.** Do you think you could make **Ø** pancakes for **Ø** lunch? **2.** She will spend her summer holidays in **the** United States, but she will try to spend some days in **Ø** Canada too. **3.** My mother is very good at making **Ø** carrot cake, but she rarely cooks, only once or twice **a** week. **4.** One day, I will be **a** scientist and I will find **a** treatment for this disease. **5.** **Ø** horses are usually scared of **Ø** unknown sounds.

S'ENTRAÎNER

2 **1.** I have wanted **a** dog since I was three. **2.** You should stay for **a** while. **3.** She earns £20,000 **a** year. **4.** There is **a** unicorn in the garden! **5.** I have **a** feeling that she has already bought **a** new dress. **6.** I saw **an** elephant at the zoo. **7.** He'll be leaving in **an** hour or so.

3 **1.** My dog has already destroyed **a** wallet and **Ø** shoes. **2.** If you buy **a** motorbike, you will have to pay attention to **Ø** traffic lights! **3.** They offered her **Ø** jewels, but the only thing that she took was **an** electronic watch. **4.** "Have **a** cup of tea!" "No, thanks, I don't like **Ø** tea at all." **5.** What **a** wonderful idea! And what **Ø** wonderful projects! **6.** This is **Ø** incredible news! (*attention,* "news" *est indénombrable* → p. 69) **7.** I'd like to be **an** astronaut when I'm older.

4 **1.** She speaks **Ø** English fluently. She has already lived in **the** United Kingdom and even in **Ø** Australia. She thinks **the** English are nice but original. **2.** My sister likes **Ø** blue so she always wears **Ø** blue clothes. She plays **Ø** hockey for **Ø** fun. She's looking forward to stopping **Ø** school and beginning to work, in order to earn **Ø** money. **3.** I gave my dog **the** bone that I found in **the** woods, but he refused to eat it. It was in fact made of **Ø** plastic! **4.** I usually love **Ø** science fiction stories, but I didn't like **the** story we studied in **Ø** class.

5 **1.** The English **2.** President Obama **3.** The young **4.** Lady Diana **5.** Mount Everest **6.** At home / breakfast

OBJECTIF BREVET

6 **1.** Bob, **this** paper is really good! Congratulations! **2.** How can you wear **those** trousers? **3.** No, I don't like **this** shirt. But could you show me **those** grey shirts over there? **4.** I can't stand **that** boy! Look at **that** haircut! / Yeah... And look at **those** inscriptions on his T-shirt!

CHAPITRE

9 Les quantifieurs

Les quantifieurs sont des petits mots grammaticaux qui permettent d'exprimer une quantité. Il peut s'agir d'une petite quantité (*a little*, « un peu ») ou d'une grande quantité (*a lot*, « beaucoup »).

I *Some et any*

A *Some*

■ *Some* correspond à « du, de la, des » dans les phrases **affirmatives.** *Some* exprime une petite quantité indéfinie.

I'd like **some** milk with my tea. And **some** biscuits, please.
Je voudrais du lait avec mon thé. Et des biscuits, s'il vous plaît.

■ Quand « du, de la, des » ne signifie pas « quelques », on emploie l'article Ø.

Of course they sell Ø flowers. It's a flower shop!
Bien sûr qu'ils vendent des fleurs. C'est un magasin de fleurs !

B *Not... any*

■ On n'emploie pas *some* dans les phrases **négatives.** Pour dire « pas de... », on emploie *not... any*.

I'm sorry but I **don't** have **any** milk. And I **don't** have **any** biscuits either.
Je suis désolé mais je n'ai pas de lait. Et je n'ai pas de biscuits non plus.

■ On utilise parfois ***no*** à la place de *not... any*. Dans ce cas, le verbe est à la forme **affirmative.**

I have no milk. = I don't have any milk.
I have no biscuits. = I don't have any biscuits.

■ *No* est toujours suivi d'un nom. Le pronom correspondant à *no* est *none* (aucun).

"How many pictures did you take?" "None."
« Combien de photos as-tu prises ? – Aucune. »

C *Some* et *any* dans les questions

■ Dans les questions, on a le choix entre *some* et *any*. Avec *some*, on s'attend plutôt à une réponse positive. Avec *any*, on ne présuppose pas la réponse.

"Did your parents give you some money for your holiday?" "Yes, of course they did."
« Est-ce que tes parents t'ont donné de l'argent pour tes vacances ? – Oui, bien sûr. »

Did you buy any jam?
Est-ce que tu as acheté de la confiture ?

■ Pour demander quelque chose ou pour offrir quelque chose, on emploie *some* et non *any*.

Could I have some mustard, please?
Est-ce je peux avoir de la moutarde, s'il vous plaît ?

Would you like some milk with your tea?
Est-ce que tu veux du lait avec ton thé ?

D *Any* dans les affirmations

■ *Any* dans les phrases affirmatives signifie « n'importe... ».

You can come any day.
Tu peux venir n'importe quel jour.

II *Enough* et *several*

■ Retiens aussi ces deux quantifieurs : *enough* (assez de) et *several* (plusieurs). Ils expriment, comme *some* et *any*, une petite quantité indéfinie.

Have we got enough bread and enough biscuits?
Est-ce qu'on assez de pain et assez de biscuits ?

Several pupils have complained.
Plusieurs élèves se sont plaints.

III *All* et *every*

All correspond à « tout, toute, tous, toutes » et *every* à « chaque » ou « tout, toute, tous, toutes ». *Every* est toujours suivi d'un nom au **singulier**.

All my friends agree with me all the time.
Tous mes amis sont d'accord avec moi tout le temps.

Every pupil in this room knows about it.
Chaque élève dans cette salle est au courant.
(Tous les élèves dans cette salle sont au courant.)

IV Les composés en *some, any, no* et *every*

- *Some, any, no* et *every* peuvent être suivis de *-body, -thing* et *-where.*

	some	not... any	no	every
-body	somebody quelqu'un	not... anybody personne	nobody personne	everybody tout le monde
-thing	something quelque chose	not... anything rien	nothing rien	everything tout
-where	somewhere quelque part	not... anywhere nulle part	nowhere nulle part	everywhere partout

- On peut remplacer *-body* par *-one* : *somebody = someone, anybody = anyone, nobody = no one, everybody = everyone.* Les composés s'écrivent en un seul mot, sauf *no one.*

Somebody left a message somewhere about something.
Quelqu'un a laissé un message quelque part à propos de quelque chose.

I haven't spoken to anybody all day.
Je n'ai parlé à personne de la journée.

No one has arrived yet.
Personne n'est encore arrivé.

Everyone came to the party.
Tout le monde est venu à la fête.

ATTENTION !

Les composés en *no-* s'emploient avec un verbe à la forme affirmative. Ils sont équivalents à *not... any...*

She spoke to no one. (She didn't speak to anyone.)
Elle n'a parlé à personne.

I said nothing. (I didn't say anything.)
Je n'ai rien dit.

You're going nowhere. (You're not going anywhere.)
Tu ne vas nulle part.

■ Dans les phrases affirmatives, *anybody/ anyone* signifient « n'importe qui », « tout le monde », *anything* signifie « n'importe quoi », « tout » et *anywhere* signifie « n'importe où », « partout ».

Anyone knows that.
N'importe qui sait ça. (Tout le monde sait ça.)

I'm ready to travel anywhere with you.
Je suis prêt à voyager n'importe où (partout) avec toi.

DES COMPOSÉS À RETENIR

someone else : quelqu'un d'autre
something else : quelque chose d'autre
somewhere else : autre part, ailleurs
somehow : d'une manière ou d'une autre
anyway : de toute façon

Anyway, I'll have to find a solution somehow.
De toute façon, il faudra que je trouve une solution d'une manière ou d'une autre.

V *A lot of, much* et *many*

■ *A lot of, much* et *many* signifient « beaucoup de ». Mais ils ne se construisent pas de la même façon.

beaucoup de	a lot of + nom singulier ou pluriel
	much + nom singulier
	many + nom pluriel

■ *A lot of* (ou *lots of*) signifie « beaucoup de » et s'emploie avec des noms singuliers ou pluriels.

We have a lot of money.
On a beaucoup d'argent.

We've also got a lot of friends.
Nous avons aussi beaucoup d'amis.

■ *A lot* (sans *of*) s'emploie comme « beaucoup » (sans « de »).

They go out a lot!
Ils sortent beaucoup !

■ *Much* (beaucoup de) est toujours suivi d'un nom **singulier**. Il ne s'emploie que dans les phrases **négatives et interrogatives**. Dans les phrases affirmatives, on utilise *a lot of*.

We don't have much money.
On n'a pas beaucoup d'argent.

■ *Many* (beaucoup de) est toujours suivi d'un nom **pluriel**.

I have many questions to ask you.
J'ai beaucoup de questions à vous poser.

■ *Much* et *many* peuvent être précédés de *so* et de *too*.

so much money tellement d'argent	so many friends tellement d'amis
too much time trop de temps	too many mistakes trop d'erreurs

■ Pour exprimer une grande quantité, on peut aussi employer *a great deal of* (+ nom indénombrable) et *plenty of* (+ nom dénombrable ou indénombrable).

We spend a great deal of time in Edinburgh.
On passe beaucoup de temps à Édimbourg.

They've got plenty of friends and plenty of time.
Ils ont des tas d'amis et beaucoup de temps.

VI *(A) little* et *(a) few*

A little/ little et *a few/ few* ne se construisent pas de la même façon.

- *Little* (peu de) et *a little* (un peu de) sont toujours suivis d'un nom **singulier**.

We have little money.
On a peu d'argent.

Don't panic! We have a little time.
Ne panique pas ! On a un peu de temps.

- *Few* (peu de) et *a few* (quelques) sont toujours suivis d'un nom **pluriel**.

I'm glad. I made few mistakes.
Je suis contente. J'ai fait peu d'erreurs.

Can I make a few suggestions?
Est-ce que je peux faire quelques suggestions ?

RÉCAPITULONS

- *Some*: « du, de la, des » dans les phrases affirmatives ou dans les offres.
- *Any*: « du, de la, des » dans les questions.
- *Much* + nom singulier / *many* + nom pluriel : « beaucoup de ».
- *A lot of* (beaucoup de) est suivi d'un nom singulier ou pluriel.
- *A few* + nom pluriel : « quelques ».
- *Few* + nom pluriel : « peu de ».
- *Every* + nom singulier : « chaque, tous ».
- *All*: « tout, toute, tous, toutes ».

Discuter de quantités

L'EXEMPLE COMMENTÉ

Écoute ce document sur le site www.prepabac.com/media.

Un client veut acheter du thé. Il s'adresse à une vendeuse qui ne vend que du café.

A customer in a nice department store

CUSTOMER – Good morning, I'd like some Earl Grey tea, please.
SALES ASSISTANT – I'm sorry, Sir, I only sell coffee. The tea counter is behind you.
CUSTOMER – I don't want any coffee. I just want some tea. And in fact any tea will do. I don't drink much tea. It's for my wife, really, and her friends. My wife doesn't have many friends, though. So, I just need a few leaves really. And I have little time. I have to go back home quickly.
SALES ASSISTANT – You don't have any friends? I'm surprised. I'll get you your tea. You deserve it.

- *Some* signifie une petite quantité indéfinie : *some tea* correspond à « du thé ».

A few correspond à « quelques » et *little* à « peu de ». *A few* est suivi d'un nom pluriel et *little* d'un nom indénombrable singulier.

- *Not any* correspond à « pas de ». *I don't want any coffee* est la contraction de *I do not want any coffee.*

Any dans une phrase affirmative signifie « n'importe quel » : *any tea.*

- *Much* et *many* signifient « beaucoup de ». *Much* est toujours suivi d'un nom singulier (*much tea*) et *many* d'un nom pluriel (*many friends*). Dans une phrase affirmative, on emploie *a lot of* plutôt que *much.*

VERS LE DNB

- Pour parler de tes activités journalières ou de ta vie quotidienne, tu peux avoir besoin des quantifieurs, pour dire s'il y avait beaucoup de monde, si tu as fait un peu de sport…

- Dans les commerces, tu peux aussi avoir à exprimer des quantités. En faisant les courses, veux-tu un peu de ceci ou beaucoup de cela ? Il en est de même lorsque tu es invité et que l'on te propose de manger ou boire quelque chose.

SE TESTER QUIZ

1 Choisis la bonne traduction pour le segment souligné.

1. Elle aime beaucoup jardiner.
a. ☐ a lot b. ☐ a lot of c. ☐ many

2. Tu veux quelques conseils ?
a. ☐ a few b. ☐ some c. ☐ several

POUR T'AIDER
les conseils : advice (indén.)

3. Rien ne lui fera changer d'avis.
a. ☐ anything b. ☐ nothing c. ☐ none

4. J'aimerais recevoir du courrier.
a. ☐ of b. ☐ a few c. ☐ some

5. J'ai peu de temps.
a. ☐ few b. ☐ a few c. ☐ little

S'ENTRAÎNER

2 Complète chaque phrase avec *some* ou *any*.

1. Do you want ... biscuits?
2. I didn't get ... answer.
3. ... present will please her. She loves presents.
4. She sold me ... tickets for the lottery.
5. No, thanks, I don't want ... object that reminds me of him.
6. Does this shop sell ... books about magic?
7. ... friends told her she shouldn't do that.

3 Complète avec *all* ou *every*.

1. ... week, I go ice-skating with my best friend.
2. She has eaten ... the cookies.
3. ... their friends live abroad.
4. Mr Johnson has ... that he wants.
5. ... child should be taught politeness at a very young age.
6. She complains ... the time!

4 Complète avec *much* ou *many*.

1. Do they have ... money?
2. There are ... things I want to say about this topic.
3. I don't know ... about politics.
4. Do you sell ... books by Paul Auster?
5. ... of the plays I saw when I was younger were written by American playwrights.
6. I haven't got ... patience for that kind of thing.

5 Traduis les mots soulignés dans les phrases suivantes.

1. <u>N'importe qui</u> peut répondre. → ... can answer.
2. Je l'ai déjà vu <u>quelque part</u>. → I've already seen him ...
3. Il n'a <u>nulle part</u> où aller. → He has ... to go.
4. Je veux <u>quelque chose</u> d'original. → I want ... original.
5. <u>Rien</u> ne me consolera. → ... will comfort me.
6. Il n'y a <u>personne</u>. → There is ...
7. <u>Tout le monde</u> sait ça ! → ... knows that!
8. On voit cette affiche <u>partout</u>. → You can see that poster ...

6 Coche la bonne traduction pour chaque expression.

1. Il y a plein de livres intéressants dans cette librairie !
There are (☐ some ☐ few ☐ plenty of) interesting books in this bookshop.

2. J'ai beaucoup dansé.
I've danced (☐ a lot ☐ many ☐ a lot of).

3. Elle a plusieurs livres à lui.
She's got (☐ a great deal of ☐ several ☐ much) books that belong to him.

4. Il a beaucoup de charme.
He's got (☐ a lot of ☐ a great deal of ☐ many) charm.

5. Nous n'avons aucun ami en commun.
We have (☐ some ☐ any ☐ no) friends in common.

OBJECTIF BREVET

7 Complète les traductions.

1. On a des devoirs pour lundi ?
→ Have we got … homework for Monday?
2. Non, aucun. On a juste quelques trucs à apprendre. Mais on a beaucoup de travail pour mardi.
→ No, … . We just have … things to learn. But we have … work for Tuesday.

SE TESTER

1 **1. a.** a lot **2. b.** some **3. b.** nothing **4. c.** some **5. c.** little

S'ENTRAÎNER

2 **1.** Do you want **some** biscuits? **2.** I didn't get **any** answer. **3. Any** present will please her. She loves presents. **4.** She sold me **some** tickets for the lottery. **5.** No, thanks, I don't want **any** object that reminds me of him. **6.** Does this shop sell **any** books about magic? **7. Some** friends told her she shouldn't do that.

3 **1. Every** week, I go ice-skating with my best friend. **2.** She has eaten **all** the cookies. **3. All** their friends live abroad. **4.** Mr Johnson has **all** that he wants. **5. Every** child should be taught politeness at a very young age. **6.** She complains **all** the time!

4 **1.** Do they have **much** money? **2.** There are **many** things I want to say about this topic. **3.** I don't know **much** about politics. **4.** Do you sell **many** books by Paul Auster? **5.** **Many** of the plays I saw when I was younger were written by American playwrights. **6.** I haven't got **much** patience for that kind of thing.

5 **1.** **Anyone / Anybody** can answer. **2.** I've already seen him **somewhere**. **3.** He has **nowhere** to go. **4.** I want **something** original. **5.** **Nothing** will comfort me. **6.** There is **no one / nobody**. **7.** **Everyone** / **Everybody** knows that! **8.** You can see that poster **everywhere**.

6 **1.** There are **plenty of interesting books** in this bookshop. **2.** I've danced **a lot**. **3.** She's got **several** books that belong to him. **4.** He's got **a lot of / a great deal of** charm. **5.** We have **no** friends in common.

OBJECTIF BREVET

7 **1.** Have we got **any** homework for Monday? (Do we have any homework for Monday?) **2.** No, **none**. We just have **a few** things to learn. But we have **a lot of** work for Tuesday.

CHAPITRE

10 Les pronoms

Un pronom est un petit mot qui remplace un nom ou un groupe nominal. Il existe plusieurs types de pronoms : personnels, réfléchis, possessifs, relatifs, interrogatifs et démonstratifs.

I Les pronoms personnels et réfléchis

pronoms personnels sujets	pronoms personnels compléments	pronoms réfléchis
I	me	myself
you	you	yourself [singulier]
he/she/it	him/her/it	himself/ herself/ itself
we	us	ourselves
you	you	yourselves [pluriel]
they	them	themselves

Attention : les pronoms personnels sujets n'ont pas la même forme que les compléments, sauf *you* !

- Les pronoms personnels compléments se placent toujours **après** le verbe.

  They love Sandra and they love **you**.
  Ils aiment Sandra et ils t̲'aiment.

- On emploie un **pronom réfléchi** quand le complément renvoie à la même personne que le sujet.

  Paul is looking at himself in a mirror.
  Paul se regarde dans un miroir.

- Retiens ces verbes qui s'emploient avec un pronom réfléchi : *Enjoy yourself!* (Amuse-toi !), *Don't hurt yourself* (Ne te blesse pas), *Help yourselves* (Servez-vous).

ATTENTION !

Certains verbes sont réfléchis en français (se + verbe) mais pas en anglais :

to get dressed : s'habiller	to shave : se raser
to get up : se lever	to wake up : se réveiller
to hurry up : se dépêcher	to wonder : se demander
to relax : se détendre	to worry : s'inquiéter

■ Les pronoms réfléchis peuvent avoir valeur d'insistance. Ils correspondent alors à « moi-même », « toi-même »...

Nobody helped me. I did it myself!
Personne ne m'a aidé. Je l'ai fait moi-même !

ATTENTION !

Il ne faut pas confondre les pronoms **réfléchis** et les pronoms **réciproques** (*each other* et *one another*), qui expriment une interaction entre deux personnes (« l'un l'autre, les uns les autres »).

They call each other every day. (They call one another every day.)
Ils s'appellent tous les jours.

II Les pronoms relatifs

Un **pronom relatif** remplace un antécédent.

I'll go on holiday with my cousin, **who** is twenty. [*my cousin*: antécédent de *who*]
J'irai en vacances avec mon cousin, qui a vingt ans.

A *That, which* et *who*

■ Il y a trois pronoms relatifs principaux : *that, which* et *who*. On choisit le pronom relatif en fonction de la **nature** de l'antécédent.

nature de l'antécédent	pronom relatif
être humain ou animal	who **ou** that
objet	that **ou** which

The woman who owns this bakery is my aunt. (The woman that owns this bakery...)
La femme qui possède cette boulangerie est ma tante.

The MP3 player that's on my desk doesn't work. (The MP3 player which...)
Le lecteur MP3 qui est sur mon bureau ne marche pas.

■ On peut donc employer le pronom relatif *that* quel que soit l'antécédent, sauf après un nom propre.

York, which is my favorite city in England, was founded by the Romans.
York, qui est ma ville préférée d'Angleterre, a été fondée par les Romains.

I've never spoken to Mrs Baghdad, who is my sister's maths teacher.
Je n'ai jamais parlé à Mme Baghdad, qui est la prof de maths de ma sœur.

B Le « relatif zéro » (symbolisé par Ø)

Quand le pronom relatif est **complément du verbe**, très souvent on l'omet. On parle dans ce cas de « relatif zéro » (symbolisé par Ø).

The player Ø I bought on holiday is broken.
Le lecteur que j'ai acheté en vacances est cassé.

She married the man Ø she loved.
Elle a épousé l'homme qu'elle aimait.

I like the guy Ø you were talking to.
J'aime bien le gars à qui tu parlais.

C Autres pronoms relatifs

■ *Whose* est le pronom relatif qui correspond à « dont ». L'antécédent peut être une personne ou un objet.

It's a story about a man whose wife is handicapped.
C'est l'histoire d'un homme dont la femme est handicapée.

They live in a castle whose attic is haunted.
Ils vivent dans un château dont le grenier est hanté.

■ *What* et *which* se traduisent tous deux par « ce qui, ce que ». *What* n'a pas d'antécédent et annonce ce qui suit. *Which* a pour antécédent toute une proposition.

What bothers me is their comment.
Ce qui me dérange, c'est leur commentaire.

They sent me several emails, which was unnecessary.
Ils m'ont envoyé plusieurs e-mails, ce qui était inutile.

III Les pronoms interrogatifs

ZOOM

Les principaux interrogatifs

who (personne)	Who is here? Qui est là ?
whose (possesseur)	Whose is this? À qui est-ce ?
what (objet, activité)	What are you doing? Qu'est-ce que tu fais ?
when (moment)	When are we leaving? Quand partons-nous ?
where (lieu)	Where do you live? Où habites-tu ?
which (choix)	Which do you prefer? Lequel préfères-tu ?
why (raison)	Why did you do that? Pourquoi as-tu fait ça ?
how (manière)	How does this machine work? Comment fonctionne cette machine ?

- Il ne faut pas oublier d'utiliser un auxiliaire entre le mot interrogatif et le sujet.

  What are you doing?

  Where do you live?

- *Who* et *what* peuvent être sujets de la question. Dans ce cas, on n'emploie pas d'auxiliaire.

  Who went to the cinema yesterday?
  Qui est allé au cinéma hier ?

  What made you laugh?
  Qu'est-ce qui vous a fait rire ?

ATTENTION !
Veille à l'ordre des mots dans les questions : les prépositions se placent en fin de phrase.

Who were you talking **to**?
À qui parlais-tu ?

■ *Whose, what* et *which* peuvent aussi être suivis d'un nom. Dans ce cas, on considère que ce sont des « déterminants interrogatifs ».

Whose tablet is this?
À qui est cette tablette ?

What colour is it?
Elle est de quelle couleur ?

Which colour do you prefer: grey or red?
Quelle couleur préfères-tu : le gris ou le rouge ?

■ Retiens ces questions en *how*: *How much is it?* (Combien ça coûte ?), *How old are you?* (Quel âge as-tu ?), *How tall are they?* (Combien mesurent-ils ?), *How long are you here for?* (Tu es ici pour combien de temps ?).

IV Les pronoms possessifs (→ p. 74)

V Les pronoms démonstratifs (→ p. 84)

RÉCAPITULONS

■ Ne confonds pas les pronoms personnels sujets [*I*, *he*, *they*...] et les pronoms personnels compléments [*me*, *him*, *them*...].
■ Le pronom relatif dépend de la nature de l'antécédent : humain = *who* ou *that* ; non humain = *that* ou *which*.
■ Quand le pronom relatif est complément du verbe de la proposition relative, souvent on l'omet : *The car Ø Susan bought is yellow*.
■ N'oublie pas d'utiliser un auxiliaire [*be*, *have* ou *do*] dans une question qui commence par un mot interrogatif : *Where do you live?*

Interroger une personne

L'EXEMPLE COMMENTÉ

Écoute ce document sur le site www.prepabac.com/media.

Une journaliste doit interviewer un couple d'acteurs célèbres, Joan et Don.

Interviewing two celebs, Joan and Don

REPORTER – Hello. I work for Helen Craig, who owns the journal *Celebrity*. I'd like to ask you some questions. First of all, where did you meet?
JOAN – During a film shoot *Love in New York*, which came out two years ago.
REPORTER – What was the film about?
DON – It's a film Ø everyone has seen!
REPORTER – Yes, right. Hmm... So when did you meet?
JOAN – Two years ago.
REPORTER – How old were you then?
JOAN – Two years younger.
REPORTER – Right... Who made the first move?
DON – Why do you ask those stupid questions? Just read the press.
REPORTER – I can't. It's too boring.

- Avec un antécédent humain, comme *Helen Craig,* on emploie le pronom relatif *who*. Si l'antécédent est un objet, comme le film *Love in New York,* on utilise *which*. Si le pronom relatif est complément du verbe de la proposition relative, on peut l'omettre : *It's a film Ø everyone has seen.* On aurait pu dire *It's a film that everyone has seen.* Le pronom relatif *that* est complément du verbe *has seen,* c'est pourquoi on peut l'omettre.

- La plupart des pronoms interrogatifs commencent par *Wh-* :

- *where* sert à poser une question sur le lieu. Il faut utiliser un auxiliaire entre *where* et le sujet : *Where did you meet?*

- avec *what,* on pose une question sur un objet. Retiens cette expression très utile : *What is it about?* (Ça parle de quoi ?)

- *when* sert à poser une question sur un moment. Ici aussi, on a un auxiliaire entre *when* et le sujet : *When did you meet?*

- avec *who* on interroge sur la personne. Quand *who* est le sujet du verbe, on n'emploie pas d'auxiliaire : *Who made the first move?*

– *why* sert à interroger sur la cause. N'oublie pas l'auxiliaire entre *why* et le sujet : *Why do you ask?*

■ Pour demander son âge à quelqu'un, on utilise *How old*: *How old are you?* (Quel âge as-tu ?).

VERS LE DNB

■ Poser des questions sur l'identité de quelqu'un, un objet ou un lieu fait partie des bases de l'interaction au niveau A2. Tu dois aussi être capable de répondre aux questions que l'on te pose, quand tu fais un exposé par exemple.

■ Au niveau B1, il est indispensable de savoir poser des questions, y compris au sein de dialogues dans un récit d'invention.

■ Dès que tu rédiges, tu dois te servir de pronoms. Attention en particulier dans les biographies ou les récits d'imagination : tu ne dois pas te tromper (en confondant par exemple *he, she* ou *it*) au risque de devenir incompréhensible.

SE TESTER QUIZ

1 Pour compléter la traduction, coche la proposition qui convient.

1. Frères et sœurs se taquinent.
Brothers and sisters tease ...
a. ☐ themselves b. ☐ each other c. ☐ them

2. Ils se servent.
They're helping ...
a. ☐ themselves b. ☐ themself c. ☐ each other

3. Ils nous aident.
They help ...
a. ☐ we b. ☐ our c. ☐ us

4. La dame qui vit ici a 80 ans.
The lady ... lives here is 80.
a. ☐ who b. ☐ which c. ☐ what

5. C'est ce qu'il dit tout le temps.
That's ... he keeps saying.
a. ☐ which b. ☐ what c. ☐ that

S'ENTRAÎNER

2 Complète à l'aide du pronom personnel qui convient.

1. My aunt lives in Bristol. ...'s been married for 20 years.
2. Scott gave me Mr Johnson's bag. ... had found ... under a seat.
3. Petunia has invited the Jacksons, although ... hates ... .
4. I like James Blunt, but my sister positively loves ...! ... has all his CDs!

3 Choisis la bonne traduction.

1. Dépêche-toi ! Tu vas être en retard.
a. Hurry back! **b.** Hurry up! You're going to be late.

2. Ils ne se parlent plus.
a. They don't talk to themselves any more.
b. They don't talk to each other any more.

3. Je me réveille tous les jours à 7 h.
a. I awoke every day at 7. **b.** I wake up every day at 7.

4. Je me demande s'il a raison.
a. I wonder if he's right. **b.** I ask myself if he's right.

5. Ne t'inquiète pas. Il se parle à lui-même.
a. Don't worry. **b.** Don't worry yourself.
c. He's talking to himself. **d.** He's talking to him.

6. Ils s'entraident pour les devoirs.
a. They help themselves with their homework.
b. They help each other with their homework.

4 **Complète les phrases avec le pronom relatif qui convient.**

1. My sister Liz, … (who / which / Ø) lives in London, says she couldn't live in the country any more.
2. I found a wallet … (who / which / that) I immediately brought to the police station.
3. I have forgotten the folder … (who / that / Ø) you wanted.
4. I have invited my best friend, … (who / which / Ø) will come by bus.
5. I don't like the subjects … (who / that / Ø) are taught at that level.
6. Who is this boy … (which /Ø) she is talking to?

5 **Mets les mots dans l'ordre pour obtenir à chaque fois une phrase correcte.**

1. am writing – the pen pal – is – to – I – This
2. this song – I – you – are listening – love – to
3. she – I – the same thing – am looking – is looking – at – at
4. you – looking – What – for – ? – are
5. does – with – Who – agree – she – ?
6. from – Where – ? – she – is

OBJECTIF BREVET

6 **Pose une question pour obtenir l'information soulignée, comme dans l'exemple.**

1. I have lived here <u>for five years</u>. → *How long have you lived here?*
2. I met <u>John</u> yesterday. → ……………………………………
3. I met John <u>yesterday</u>. → ……………………………………

4. I met John yesterday. → ....
5. My sister didn't come because she was sick. → ....
6. Robert is five years old. → ....
7. This bag costs £50. → ....
8. This is Sandra's schoolbag. → ....

SE TESTER

1 1. **b.** each other 2. **a.** themselves 3. **c.** us 4. **a.** who 5. **b.** what

S'ENTRAÎNER

2 1. My aunt lives in Bristol. **She**'s been married for 20 years. 2. Scott gave me Mr Johnson's bag. **He** had found **it** under a seat. 3. Petunia has invited the Jacksons, although **she** hates **them**. 4. I like James Blunt, but my sister positively loves **him**! **She** has all his CDs!

3 1. **b.** Hurry up! 2. **b.** They don't talk to each other any more. 3. **b.** I wake up every day at 7. 4. **a.** I wonder if he's right. 5. **a.** Don't worry. **c.** He's talking to himself. 6. **b.** They help each other with their homework.

4 1. My sister Liz, **who** lives in London, says she couldn't live in the country any more. 2. I found a wallet **which** / **that** I immediately brought to the police station. 3. I have forgotten the folder **that** / **Ø** you wanted. 4. I have invited my best friend, **who** will come by bus. 5. I don't like the subjects **that** are taught at that level. 6. Who is this boy **Ø** she is talking to?

5 1. This is the pen pal I am writing to. 2. I love this song you are listening to. 3. I am looking at the same thing she is looking at. 4. What are you looking for? 5. Who does she agree with? 6. Where is she from?

OBJECTIF BREVET

6 2. Who did you meet yesterday? 3. When did you meet John? 4. Who met John yesterday? 5. Why didn't my/your sister come? 6. How old is Robert? 7. How much is this bag? 8. Whose schoolbag is this?

CHAPITRE

11 Adjectifs et adverbes

Un adjectif modifie un nom. Un adverbe modifie le plus souvent un verbe ou une phrase. Les comparatifs et les superlatifs se forment à partir des adjectifs et des adverbes.

I Les adjectifs

■ L'adjectif est **invariable** en anglais. Il ne s'accorde pas avec le nom auquel il se rapporte : *a white house* (une maison blanche), *three white cats* (trois chats blancs).

A Les fonctions de l'adjectif

■ Un adjectif peut être épithète ou attribut. Il est épithète quand il est placé directement à côté du nom. Dans ce cas, en anglais, on le place **avant** le nom. Il est attribut quand il est relié au nom par un verbe : *be* (être), *seem* (sembler)…

épithète	attribut
The white house is in a park. La maison blanche est dans un parc.	Their house is white. Leur maison est blanche.

■ Quand plusieurs adjectifs épithètes se suivent, l'ordre est ATACO (Appréciation, Taille, Âge, Couleur, Origine).

appréciation	taille	âge	couleur	origine	nom
a nice		old	black	American	car
a beautiful	large		red		suitcase

■ Un adjectif attribut peut être suivi d'une préposition.

She's good at geography.
Elle est bonne en géographie.

QUELQUES ADJECTIFS COURANTS ET LEUR PRÉPOSITION

angry (mécontent), *happy* (heureux), *mad* (dingue)	*about sth*
bad (mauvais), *good* (bon), *surprised* (surpris)	*at sth*
famous (célèbre), *responsible* (responsable)	*for sth*
different (différent), *separate* (séparé)	*from sth*
interested (intéressé), *disappointed* (déçu)	*in sth / sb*
be afraid (avoir peur), *be fond* (bien aimer), *be sick* (en avoir assez)	*of sth*
close (proche), *kind* (gentil), *used* (habitué)	*to sb*
disappointed (déçu), *pleased* (heureux), *satisfied*	*with sth*

B Des adjectifs particuliers

■ Les adjectifs *live* (vivant) et *little* (petit) ne sont qu'épithètes. Les adjectifs attributs équivalents sont *alive* et *small.*

There are live lobsters in the tank. Yes, the lobsters are alive!
Il y a des homards vivants dans l'aquarium. Oui, les homards sont vivants !

It's a little house. Yes, the house is small.
C'est une petite maison. Oui, la maison est petite.

■ Les adjectifs de nationalité prennent toujours une majuscule en anglais (une minuscule en français).

Linda is English and so she has a British passport.
Linda est anglaise et donc elle a un passeport britannique.

■ Certains adjectifs sont formés sur « verbe + *-ing* » ou « verbe + *-ed* ». Il ne faut pas les confondre car ils n'ont pas le même sens !

interest**ing** ≠ interest**ed**
intéress**ant** ≠ intéress**é**

amus**ing** ≠ amus**ed**
amus**ant** ≠ amus**é**

tir**ing** ≠ tir**ed**
fatig**ant** ≠ fatigu**é**

bor**ing** ≠ bor**ed**
ennuyeux ≠ qui s'ennuie

I was interested because the lecture was interesting.
J'étais intéressée parce que la conférence était intéressante.

II Comparatifs et superlatifs

■ Le comparatif s'emploie pour comparer deux éléments. On distingue trois types de comparatifs :
– le comparatif de supériorité : *more intelligent than...* (plus intelligent que...)
– le comparatif d'égalité : *as intelligent as...* (aussi intelligent que...)
– le comparatif d'infériorité : *less intelligent than...* (moins intelligent que...)

■ On emploie le superlatif pour comparer plus de deux éléments d'un groupe : *the most intelligent* (le plus intelligent).

A Formation du comparatif de supériorité et du superlatif

■ Lorsque l'adjectif est **court** (une syllabe), le comparatif **de supériorité** et le **superlatif** se forment en ajoutant respectivement *-er* et *-est* à l'adjectif.

adjectif court	comparatif	superlatif
fast	fast**er**	**the** fast**est**
slow	slow**er**	**the** slow**est**

■ Les adjectifs de **deux syllabes en** *-y* sont considérés comme courts. Le *-y* se transforme en *-i* à l'écrit.

happy → happier / the happiest
heavy → heavier / the heaviest

■ Dans les **autres cas**, on utilise le comparatif « ***more... than*** » et le superlatif « ***the most...*** ».

My watch is more expensive than your bike.
Ma montre est plus chère que ton vélo.

This is the most expensive car I've ever seen.
C'est la voiture la plus chère que j'aie jamais vue.

Judy is the most intelligent pupil in her class.
Judy est l'élève la plus intelligente de sa classe.

B Formation des comparatifs d'égalité et d'infériorité

■ Pour le comparatif **d'égalité**, on emploie toujours « ***as*** + adjectif + ***as*** ».

I'm as tall as Jenny but not as clever as her.
Je suis aussi grande que Jenny mais pas aussi douée qu'elle.

- Pour le comparatif **d'infériorité**, on emploie toujours « ***less*** + adjectif + ***than*** ».

It's less difficult than physics.
C'est moins difficile que la physique.

- Mais quand un adjectif est court, on emploie ***not as... as*** plutôt que *less... than*.

You are not as tall as your mother.
Tu es moins grande que ta mère.

> **ATTENTION !**
> « Que » dans les comparaisons se traduit par ***as*** après un comparatif d'égalité et ***than*** après un comparatif de supériorité ou d'infériorité.

COMPARATIFS ET SUPERLATIFS IRRÉGULIERS

good/well (bon/bien)	→	*better* (meilleur/mieux)	→	*the best* (le meilleur/le mieux)
bad (mal/mauvais)	→	*worse* (pire)	→	*the worst* (le pire)
far (loin)	→	*further/farther* (plus loin)	→	*the furthest/the farthest* (le plus loin)

C Le double comparatif

- Le double comparatif (« de plus en plus... ») avec un adjectif se forme de deux façons : « adjectif + ***-er and*** adjectif + **-er** » ou « ***more and more*** + adjectif ».

It's getting colder and colder. [adjectif court]
Il fait de plus en plus froid.

It's more and more difficult. [adjectif long]
C'est de plus en plus difficile.

- « De plus en plus » avec un nom se dit « ***more and more*** + nom ».

I need more and more money.
J'ai besoin de plus en plus d'argent.

- « De moins en moins... » avec un adjectif se dit « ***less and less*** + adjectif ».

It's less and less difficult.
C'est de moins en moins difficile.

■ « De moins en moins » avec un nom se dit « ***less and less*** + nom ». Si le nom est au pluriel, on peut utiliser *fewer and fewer* à la place de *less and less*.

She has less and less time and therefore fewer and fewer friends.
Elle a de moins en moins de temps et par conséquent de moins en moins d'amis.

III Adverbes

A Formation des adverbes

■ Beaucoup d'adverbes sont formés sur adjectif + ***-ly*** : *cautious* (prudent) → *cautiously* (prudemment), *quick* (rapide) → *quickly* (rapidement), *rare* (rare) → *rarely* (rarement).

■ Certains adverbes ne sont pas formés sur un adjectif : *always* (toujours), *fast* (rapidement), *late* (en retard), *so* (tellement), *sometimes* (parfois), *very* (très).

ATTENTION !

■ *Friendly* (amical) et *lovely* (charmant) sont des adjectifs, bien qu'ils se terminent par *-ly*.
■ *Early* (tôt) est un adverbe, mais il n'est pas formé sur un adjectif.
■ *Hard* peut être un adjectif ou un adverbe. Il ne faut pas le confondre avec *hardly* qui signifie « à peine ».

These are hard times. I have to work hard!
Les temps sont durs. Je dois travailler dur !

I hardly know you.
Je te connais à peine.

B Place des adverbes

■ Les adverbes **de manière** peuvent se placer au début, au milieu ou en fin de phrase.

Slowly, she opened the door.
She slowly opened the door.
She opened the door slowly.

■ Les principaux adverbes **de fréquence** sont : *always* (toujours), *never* (jamais), *often* (souvent), *rarely* (rarement), *sometimes* (parfois), *usually* (d'habitude). Les adverbes de fréquence se placent entre le sujet et le verbe, mais **après** les auxiliaires et les modaux.

I never complain.
Je ne me plains jamais.

I've never complained.
Je ne me suis jamais plaint.

I will never complain.
Je ne me plaindrai jamais.

■ Les adverbes suivants se placent également entre le sujet et le verbe, mais après les auxiliaires et les modaux : *already* (déjà), *also* (aussi), *even* (même), *only* (seulement), *probably* (probablement), *still* (encore).

They still love you.
Ils t'aiment encore.

They can still arrive on time.
Ils peuvent encore arriver à l'heure.

I've already told you the truth.
Je t'ai déjà dit la vérité.

ATTENTION !
Enough se place après l'adjectif qu'il modifie.

The water is not hot enough.
L'eau n'est pas assez chaude.

RÉCAPITULONS

- L'adjectif épithète se place toujours avant le nom !
- Adjectif court : comparatif en *-er* (*short*→ *shorter*), superlatif en *-est* (*the shortest*).
- Adjectif long : comparatif en *more* + adjectif (*more interesting*), superlatif en *most* + adjectif (*the most interesting*).
- Pour connaître la place d'un adverbe dans une phrase, il faut d'abord savoir de quel type d'adverbe il s'agit.

Décrire une personne

L'EXEMPLE COMMENTÉ

Écoute ce document sur le site www.prepabac.com/media.

Mr et Mrs Brown sont en train de comparer Lisa et Daisy.

Comparing Lisa and Daisy

Mrs Brown – Lisa is very pretty, one of the prettiest competitors I've ever seen. Daisy is more beautiful than Lisa, though. I think she's getting prettier and prettier.

Mr Brown – You're right. Daisy is prettier than Lisa.

Mrs Brown – Look at her lovely small yellow ribbon. She seems relaxed. I'm convinced she'll win the competition.

Mr Brown – What category is she in?

Mrs Brown – She's in the most difficult category: dairy cow of the year.

- Un adjectif peut être attribut : il est relié au sujet par un verbe comme *be* ou *seem*.
- Les adjectifs épithètes suivent un certain ordre : appréciation (*lovely*), taille (*small*), couleur (*yellow*).
- On forme les superlatifs de deux façons : *the* adjectif + *-est* quand l'adjectif est court (*the prettiest*), *the most* + adjectif long (*the most difficult*).
- Il existe aussi deux façons de former les comparatifs de supériorité : adjectif + *-er* quand l'adjectif est court (*prettier*), *more* + adjectif long (*more beautiful*). Attention à bien faire suivre le comparatif de supériorité de *than* (surtout pas *that* !).
- Le double comparatif se forme avec *-er* dans *prettier and prettier* parce que *pretty* est un adjectif court. Avec un adjectif long, on dirait *more and more*...

VERS LE DNB

- Lorsque tu dois décrire quelqu'un, un objet ou un lieu, tu dois utiliser des adjectifs. Il est donc important de bien les placer dans la phrase, en particulier lorsqu'ils sont épithètes : pense à les placer avant le nom qu'ils qualifient (*I've got an elder brother*. J'ai un frère aîné).
- Lorsque tu parles de ta vie quotidienne ou de ta famille, tu as souvent l'occasion d'employer les comparatifs ou les superlatifs (*I find English more interesting than Maths...*). Là encore, il faut bien savoir les construire afin d'être compris.

SE TESTER QUIZ

1 Coche la bonne traduction.

1. Elle n'est pas aussi gentille que son amie.
a. ☐ She is as nice than her friend.
b. ☐ She is not as nice as her friend.

2. Elle m'a prêté une voiture américaine rose très jolie.
a. ☐ She lent me a pink American very nice car.
b. ☐ She lent me a very nice pink American car.

3. C'est le livre le plus intéressant que j'aie jamais lu.
a. ☐ It's the more interesting book I have ever read.
b. ☐ It's the most interesting book I have ever read.

4. L'Italie est différente de la France.
a. ☐ Italy is different from France.
b. ☐ Italy is different of France.

5. Ce cahier est plus épais que le tien.
a. ☐ This copybook is thicker than yours.
b. ☐ This copybook is more thick as yours.

S'ENTRAÎNER

2 Il y a un petit problème dans chacune des phrases suivantes. Réécris la phrase correcte !

1. She has a british passport. → ....
2. He's bought a car big. → ....
3. They have beautifuls clothes. → ....
4. My house is little. → ....

3 Mets dans l'ordre les adjectifs.

1. I'm proud of having a(n) (intelligent / German) dog.
2. This year I have a(n) (interesting / blonde-haired / young) Maths teacher.
3. My mother has bought a(n) (blue / lovely / English) dress.
4. We are studying a(n) (Italian / fascinating / old) author.

4 Choisis la préposition qui convient.

1. She's afraid ... (at / of / for) the teacher.
2. Christopher Columbus is famous ... (of / by / for) discovering America.
3. You are responsible ... (for / of / at) this mistake.
4. I'm not interested ... (at / by / in) this argument.
5. She was very kind ... (with / to / of) me.
6. I'm very pleased ... (with / of / about) your progress.
7. It's so different ... (of / to / from) what I know.

5 Compare ces deux personnes en utilisant l'amorce et l'adjectif entre parenthèses.

	Michael Jordan, Basketball player	David Beckam, Football player
Date of birth	1963	1975
Fame	***	**
Height	1,98m	1,83m
Weight	98 kg	90 kg

1. Michael is ... (old) David.
2. In the US, Michael is ... (famous) David.
3. Michael is ... (tall) David.
4. David is ... (small) Michael.
5. Michael is ... (heavy) David.

6 Voici les membres de la famille Addams. Fais leur portrait en utilisant les adjectifs entre parenthèses comme dans l'exemple.

	Gomez	Morticia	Fester	Pugsley
Height	1,71m	1,80m	1,55m	1,30m
Intelligence	**	**	*	***
Elegance	***	***	*	**
Good at sport	**	**	***	*

1. - / elegant: *Fester is the least elegant.*
2. + / tall: ....
3. + / intelligent: ....
4. + / good at sport: ....
5. - / intelligent: ....
6. - / good at sport: ....

OBJECTIF BREVET

7 Traduis ces phrases.

1. C'est le meilleur roman que j'aie jamais lu.
2. Il est aussi fort que son frère.
3. Il y a moins de voitures qu'avant.
4. Est-ce que tes parents sont aussi drôles que toi ?

POUR T'AIDER

un roman : a novel
fort : strong
drôle : funny

8 Mets les éléments dans l'ordre pour constituer une phrase.

1. it - never - I - have - seen
2. already - she - at - is - home
3. already - they - won - have
4. not - nice - she - enough - is
5. a - dress - blue - she - lovely - bought - has

SE TESTER

1 1. **b.** She is not as nice as her friend. 2. **b.** She lent me a very nice pink American car. 3. **b.** It's the most interesting book I have ever read. 4. **a.** Italy is different from France. 5. **a.** This copybook is thicker than yours.

S'ENTRAÎNER

2 1. She has a **B**ritish passport. 2. He's bought a **big car**. 3. They have **beautiful** clothes. 4. My house is **small**.

3 1. I'm proud of having an **intelligent German** dog. 2. This year I have an **interesting young blonde-haired** Maths teacher. 3. My mother has bought a **lovely blue English** dress. 4. We are studying a **fascinating old Italian** author.

4 1. She's afraid **of** the teacher. 2. Christopher Columbus is famous **for** discovering America. 3. You are responsible **for** this mistake. 4. I'm not interested **in** this argument. 5. She was very kind **to** me. 6. I'm very pleased **with** your progress. 7. It's so different **from** what I know.

5 1. Michael is **older than** David. 2. In the US, Michael is **more famous than** David. 3. Michael is **taller than** David. 4. David is **smaller than** Michael. 5. Michael is **heavier than** David.

6 **2.** Morticia is the tallest. **3.** Pugsley is the most intelligent. **4.** Fester is the best at sport. **5.** Fester is the least intelligent. **6.** Pugsley is the worst at sport.

OBJECTIF BREVET

7 **1.** It's the best novel (that) I have ever read. **2.** He's as strong as his brother. **3.** There are fewer cars than before. **4.** Are your parents as funny as you?

8 **1.** I have never seen it. **2.** She is already at home. **3.** They have already won. **4.** She is not nice enough. **5.** She has bought a lovely blue dress.

CHAPITRE

12 La subordination, le discours indirect

Les propositions subordonnées sont introduites par une conjonction de subordination. Au discours indirect, on utilise une proposition principale suivie d'une proposition subordonnée.

I La conjonction de subordination *that*

■ La conjonction *that* s'emploie après de nombreux verbes, comme « que » en français.

Do they know that there's no class tomorrow?
Est-ce qu'ils savent qu'il n'y a pas cours demain ?

She said that you weren't at home.
Elle a dit que tu n'étais pas à la maison.

■ On omet souvent *that* après des verbes très courants comme *know* (savoir), *say* (dire), *think* (penser).

I think you're right. [I think that you're right.]
Je crois que tu as raison.

My banker knows I have problems. [My banker knows that I have problems.]
Mon banquier sait que j'ai des problèmes.

ATTENTION !

On emploie *to* après *want*, **jamais** *that* !

I want them to call me tonight. [I want ~~that they...~~]
Je veux qu'ils m'appellent ce soir.

My mum didn't want my dad to get a job.
Ma mère ne voulait pas que mon père travaille.

II Les autres conjonctions de subordination

On peut classer les autres conjonctions en fonction de leur sens.

- Les conjonctions de **temps**: *after* (après que), *as* (comme, au moment où), *as soon as* (dès que), *before* (avant que), *once* (une fois que), *since* (depuis que), *till* ou *until* (jusqu'à ce que), *when* (quand), *while* (pendant que).

I'll have lunch before you arrive.
Je déjeunerai avant que tu n'arrives.

I'll stay here until they come back.
Je resterai ici jusqu'à ce qu'ils reviennent.

ATTENTION !
As soon as, *once* et *when* ne sont pas suivis de *will* mais du présent. En français, on emploie le futur dans ce cas.
She'll call us when she **arrives**. [She'll call us when ~~she'll arrive~~.]
Elle nous appellera quand elle **arrivera**.

- Les conjonctions de **condition**: *as long as* (pourvu que), *even if* ou *even though* (même si), *if* (si), *unless* (à moins que).

You'll miss your plane even if you leave now.
Tu vas rater ton avion, même si tu pars maintenant.

ZOOM

Le verbe après *if*

***If* + présent:** c'est encore réalisable	We won't arrive late **if** we **hurry**. On ne sera pas en retard si on se dépêche.
***If* + prétérit:** c'est peu probable	She would forgive you **if** you **were** ready to apologize. Elle te pardonnerait si tu étais prêt à t'excuser.
***If* + *pluperfect*:** ça ne s'est pas réalisé dans le passé	**If** you **had told** me that story before, I probably wouldn't have believed it. Si tu m'avais raconté cette histoire avant, je ne l'aurais probablement pas crue.

- Les conjonctions de **but** : *in order to* ou *so as to* (de façon à, afin de), *to* (pour).

I called your parents to tell them what happened.
J'ai téléphoné à tes parents pour leur dire ce qui s'est passé.

« Pour + verbe » se traduit par *to* + verbe et non par *for* + verbe.

- Les conjonctions de **cause** : *as* (comme), *because* (parce que), *given that* (étant donné que), *since* (puisque) ; et les prépositions : *because of* (à cause de), *due to* (en raison de).

Since you're all here, we can begin.
Puisque vous êtes tous là, nous pouvons commencer.

- Les conjonctions de **comparaison** : *as* (comme), *as if* (comme si).

As you know, Linda is an only child.
Comme tu le sais, Linda est fille unique.

ATTENTION !

On dit *As I said...* (Comme je l'ai dit), mais on entend de plus en plus *Like I said...* Normalement, *like* est une préposition : elle est donc suivie d'un groupe nominal. Comparez :

As I said, you'll always be my friend.
Comme je te l'ai dit, tu seras toujours mon amie.

I'm not like my cousins.
Je ne suis pas comme mes cousins.

- Les conjonctions de **concession** : *although* ou *though* (bien que), *whereas* (alors que) ; et les adverbes : *however* (pourtant), *nevertheless* (néanmoins), *otherwise* (autrement, sinon).

I love them although they are a bit weird.
Je les adore bien qu'ils soient un peu bizarres.

- Les conjonctions de **conséquence** : *so that* (de sorte que), *so* + adjectif + *that* (si... que), *such* + nom + *that* (tel... que) ; et les adverbes : *consequently, therefore* (par conséquent).

These kids are so nice that I can't refuse them anything.
Ces enfants sont si gentils que je ne peux rien leur refuser.

III Le discours indirect

A Le fonctionnement du discours indirect

■ Au discours **direct**, on cite les paroles de quelqu'un. On utilise des guillemets pour dire que ce sont les paroles d'une autre personne.

"I hate weekends," that's what she said.
« Je déteste les week-ends, » c'est ce qu'elle a dit.

■ Au discours **indirect**, les paroles de quelqu'un sont intégrées à la phrase. Attention : *I* au discours direct devient *he* ou *she* au discours indirect.

She said she hated weekends.
Elle a dit qu'elle détestait les week-ends.

B Le verbe introducteur

Pour introduire les paroles de quelqu'un, on emploie surtout *say, tell* (dire) et *ask* (demander).

■ *Say* et *tell* signifient tous deux « dire ». Mais ils ne se construisent pas de la même façon : *say (to someone) something* mais *tell someone something.*

The pupils said to Anna that she was the best.
The pupils told Anna that she was the best.
Les élèves ont dit à Anna qu'elle était la meilleure.

Avec *tell*, il faut **toujours** préciser à qui les paroles ont été dites.

■ Les paroles de quelqu'un peuvent aussi être introduites par les verbes *advise* (conseiller), *answer* (répondre), *demand* (exiger et non demander), *exclaim* (s'exclamer), *mention* (mentionner), *order* (ordonner), *suggest* (suggérer), *wonder* (se demander)...

She answered that it was too late.
Elle a répondu qu'il était trop tard.

Tom wondered why Liz had resigned.
Tom s'est demandé pourquoi Liz avait démissionné.

C La concordance des temps au discours indirect

- Les règles d'emploi des temps au discours indirect sont comparables en anglais et en français.

discours direct	discours indirect
présent Jo said: "I love them." Jo a dit : « Je les aime. »	**prétérit** Jo said (that) he loved them. Jo a dit qu'il les aimait.
prétérit Jo said: "I hated them." Jo a dit : « Je les ai détestés. »	***pluperfect*** Jo said that he had hated them. Jo a dit qu'il les avait détestés.
present perfect Jo said: "I've never been to Bath." Jo a dit : « Je ne suis jamais allé à Bath. »	***pluperfect*** Jo said that he'd never been to Bath. Jo a dit qu'il n'était jamais allé à Bath.
will Jo said: "I'll write every day." Jo a dit : « J'écrirai tous les jours. »	***would*** Jo said that he would write every day. Jo a dit qu'il écrirait tous les jours.

- Voici quelques **changements dans les marqueurs temporels** quand on passe au discours indirect.

discours direct	discours indirect
today	that day
yesterday	the day before
tomorrow	the day after, the next day
next week	the following week
last week	the week before
a week ago	a week before

Jo said: "I didn't do it yesterday. I'll do it tomorrow, if I'm not too tired."
Jo a dit : « Je ne l'ai pas fait hier. Je le ferai demain, si je ne suis pas trop fatigué. »

→ Jo said that he hadn't done it the day before. He'd (would) do it the next day, if he wasn't too tired.
Jo a dit qu'il ne l'avait pas fait la veille. Il le ferait le lendemain, s'il n'était pas trop fatigué.

D Les questions au discours indirect

▪ Au discours indirect, **les questions** se construisent sans auxiliaire ni point d'interrogation. L'ordre des mots est le même que celui d'une phrase affirmative.

Jo asked me: "Does Paula live here?"
Jo m'a demandé : « Est-ce que Paula habite ici ? »

→ Jo asked me if Paula lived here.
Jo m'a demandé si Paula habitait ici.

On peut employer *whether* à la place de *if*, surtout à l'écrit : *Jo asked me whether Paula lived here.*

▪ Quand une question commence par un mot interrogatif, au discours indirect on garde le même mot.

discours direct	discours indirect
Jo asked Sally: "**When** did Liz say that?" Jo a demandé à Sally : « Quand est-ce que Liz a dit ça ? »	Jo asked Sally **when** Liz had said that. Jo a demandé à Sally quand Liz avait dit ça.

RÉCAPITULONS

▪ *That* est la conjonction de subordination la plus fréquente. On peut souvent l'omettre, contrairement à son équivalent français « que ».
▪ Les autres conjonctions de subordination ne posent pas de problème : il faut apprendre leurs équivalents français. Mais on n'emploie pas *will* après *when* !
▪ Le fonctionnement du discours indirect est très proche en anglais et en français.

Rapporter des propos

L'EXEMPLE COMMENTÉ

Écoute ce document sur le site www.prepabac.com/media.

Joanna rapporte les propos de Pete à Patrick. Pete est amoureux d'Emma.

What Pete said

JOANNA – You know what Pete said?
PATRICK – What did he say?
JOANNA – "I'm in love with Emma."
PATRICK – What? He said he was in love with Emma?
JOANNA – And he added: "I'll propose to her soon."
PATRICK – So, he said he'd propose to her soon?
JOANNA – Yes, and he told me: "I have already met Emma's friends."
PATRICK – Oh he told you he had already met Emma's friends! So I guess he doesn't know that I'm Emma's fiancé. Or does he?

POUR T'AIDER
to propose to somebody : demander quelqu'un en mariage

- Quand on rapporte des paroles à l'aide du verbe *say*, souvent on omet la conjonction de subordination *that*: *He said Ø he was in love...*

- Quand on rapporte des paroles introduites par un verbe au prétérit (*said, told...*):

- le présent simple devient un prétérit: *I'm → he was*;
- le *present perfect* devient un *pluperfect*: *I've met → he had met*;
- *will/'ll* devient *would/'d*: *I'll propose → he'd propose.*

VERS LE DNB

- Lorsque tu dois rapporter quelque chose que quelqu'un t'a dit, pense à introduire ces paroles rapportées en utilisant *that* ou Ø.

- La subordination va t'amener progressivement à complexifier tes phrases, et à exprimer des idées plus élaborées. C'est un pas vers le niveau B1, où tu devras être capable d'argumenter en utilisant des subordonnants pour convaincre et justifier tes choix.

SE TESTER QUIZ

1 Coche la conjonction qui convient pour compléter les phrases.

1. I did it ... she had told me to do it.
a. ☐ because b. ☐ when c. ☐ so that

2. She knew what he was going to say ... he spoke.
a. ☐ while b. ☐ unless c. ☐ before

3. You can't understand that theory ... you are really smart.
a. ☐ in order to b. ☐ unless c. ☐ if

4. ... his absence, we had to postpone the meeting.
a. ☐ Due to b. ☐ However c. ☐ Although

5. ... make your point, you have to explain things better.
a. ☐ To b. ☐ For c. ☐ So that

S'ENTRAÎNER

2 Complète la traduction avec le verbe entre parenthèses au temps qui convient.

1. Même si je le savais, je ne dirais rien.
Even if I ... (know) it, I ... (say) nothing.
2. Si ça disparaît, on saura qui c'est.
If it ... (disappear), we ... (know) who did it.
3. S'il avait écouté, il connaîtrait la réponse.
If he ... (listen), he ... (know) the answer.

3 Complète chaque phrase avec une conjonction de la liste ci-dessous. Chaque mot ne peut être employé qu'une fois.

so that – in order to – although – because – whereas

1. I went to the cinema yesterday ... I had plenty of homework.
2. ... do this presentation, I've been to the library about five times.
3. I followed my dad's advice ... my dad always gives good advice.
4. She worked a lot on Monday ... she could go out on Tuesday.
5. My sister is tall ... my brother is very, very small.

4 Complète chaque phrase avec une conjonction ou un adverbe de la liste ci-dessous. Chaque mot ne peut être employé qu'une fois.

because of – as if – as soon as – even if – unless – however

1. She was still asleep. ..., ... she heard his voice, she got up.
2. It was like a dream. It was ... I was sleeping.
3. You won't be able to answer ... you've studied this before.
4. We will go to that party ... he's sick and can't be there!
5. She got hurt ... me.

5 Complète la traduction en utilisant *when, as soon as, while, once* ou *until.*

1. Je te téléphonerai quand il sera là.
I will phone you ...
2. Ne parle pas jusqu'à ce qu'elle arrive.
Don't speak ...
3. J'ai fait mes devoirs pendant que tu faisais les courses.
I did my homework ...
4. Une fois qu'il a fini, tu peux lui parler.
..., you can talk to him.
5. Dès qu'il la vit, il se souvint de ce premier dîner.
..., he remembered that first dinner.

OBJECTIF BREVET

6 Rapporte ce discours prononcé hier, à l'aide des phrases 1 à 6.

JOHN – What are you doing?
MIRANDA – I am listening to a CD.
JOHN – Do you want to go to the cinema with me?
MIRANDA – No, I have to study. I'm sorry.
JOHN – When will you have finished?
MIRANDA – I don't know.

1. Yesterday, John asked Miranda ....
2. She answered ....
3. He asked her ....
4. She answered .... and said ....
5. He asked ....
6. She told him..

SE TESTER

1 1. **a.** because 2. **c.** before 3. **b.** unless 4. **a.** Due to 5. **a.** To

S'ENTRAÎNER

2 1. Even if I **knew** it, I **would say** / **'d say** nothing. 2. If it **disappears**, we **will know** / **'ll know** who did it. 3. If he **had listened**, he **would know** / If **he'd listened, he'd know** the answer.

3 1. I went to the cinema yesterday **although** I had plenty of homework. 2. **In order to** do this presentation, I've been to the library about five times. 3. I followed my dad's advice **because** my dad always gives good advice. 4. She worked a lot on Monday **so that** she could go out on Tuesday. 5. My sister is tall **whereas** my brother is very, very small.

4 1. She was still asleep. **However, as soon as** she heard his voice, she got up. 2. It was like a dream. It was **as if** I was sleeping. 3. You won't be able to answer **unless** you've studied this before. 4. We will go to that party **even if** he's sick and can't be there! 5. She got hurt **because of** me.

5 1. I will phone you **when he is here/there**. 2. Don't speak **until she arrives**. 3. I did my homework **while you were doing** / **while you did the shopping**. 4. **Once he has finished**, you can talk to him. 5. **As soon as he saw her**, he remembered that first dinner.

OBJECTIF BREVET

6 1. Yesterday, John asked Miranda **what she was doing**. 2. She answered **(that) she was listening to a CD**. 3. He asked her **if** / **whether she wanted to go to the cinema with him**. 4. She answered **no** / **(that) she didn't** / **(that) she couldn't** and said **(that) she had to study, and that she was sorry**. 5. He asked (her) **when she would have finished**. 6. She told him **(that) she didn't know**.

Vocabulaire

CHAPITRE

13 Se présenter

"I choose my friends for their good looks, my acquaintances for their good character, and my enemies for their intellects. A man cannot be too careful in the choice of his enemies." [Oscar Wilde]

« Je choisis mes amis pour leur beauté, mes relations pour leur bon caractère et mes ennemis pour leur intelligence. Un homme n'est jamais trop prudent dans le choix de ses ennemis. »

A The family (la famille)

the 'parents: les parents
the 'father: le père
the 'mother: la mère
a child [pl. 'children]: un enfant
the son: le fils
the 'daughter /dɔːtə/: la fille
the 'brother: le frère
the 'sister: la sœur
the cousin /'kʌzn/: le cousin, la cousine
the 'grandparents: les grands-parents
the first name: le prénom
the last name: le nom de famille
to bring* up: élever
to grow* up: grandir

• I was born in a small town but grew up in a capital city.
Je suis né dans une petite ville mais j'ai grandi dans une capitale.

• I was brought up by my grandparents because my parents divorced when I was three. So, they're like my parents in a way. I love them.
J'ai été élevé par mes grands-parents car mes parents ont divorcé quand j'avais trois ans. Donc, ils sont comme mes parents, d'une certaine façon. Je les adore.

B The friends (les amis)

a mate [GB], a buddy [US]: un copain
a 'teenager: un adolescent
the young: les jeunes
'pocket 'money: l'argent de poche
to make friends: se faire des amis
to get* on well [with]: bien s'entendre [avec]
to get to'gether: se réunir
to trust: faire confiance à
to mis'trust: ne pas faire confiance à
to under'stand*: comprendre
to misunder'stand: mal comprendre
a misunder'standing: un malentendu

• I find it easy to make friends with new people, don't you?
Je trouve qu'il est facile de devenir ami avec de nouvelles personnes, pas toi ?

• The young are old enough to endure heartache.
Les jeunes sont assez vieux pour endurer des chagrins d'amour.

C Introductions and greetings (présentations et salutations)

Hello! /he'ləʊ/ Bonjour !
Good 'morning! Bonjour !
Hi! Salut ! Bonjour !
Good after'noon! Bonjour !
See you 'later. À plus tard.
Good'bye! Bye! Au revoir, à plus !
Good 'evening! Bonsoir !
Good night! Bonne nuit !
See* you soon. À bientôt.
See you on 'Sunday. À dimanche.
Say* hello to Sam. Passe le bonjour à Sam.
to meet*: rencontrer, faire la connaissance de
to intro'duce: présenter

My name is Leo/ I am Leo. Je m'appelle Leo.
Have you met Emma? Tu connais Emma ?
Nice/ Glad/ Pleased to meet you. Ravi de vous/te rencontrer.
This is Jeff and Linda. Voici Jeff et Linda.
May I introduce you to Laila? Je peux vous présenter Laila ?

• Hi George! Great to see you again. I missed you. You look great. I'd like to introduce my sister, Jane.
Salut, Georges ! Super de te revoir. Tu m'as manqué. Tu as l'air en pleine forme. J'aimerais te présenter ma sœur Jane.

• I hope to see you soon. Give me a call anytime you want.
J'espère te revoir bientôt. Appelle-moi quand tu veux.

D Describing somebody (décrire quelqu'un)

fat: gros
thin/ slim: mince
'slender: svelte
'skinny: maigre
tall: grand [taille]
big: grand [et fort]
short: petit
good-'looking: beau, belle
at'tractive: séduisant
'pretty: joli
cute: mignon
nice, 'friendly: sympa
good-'tempered: qui a bon caractère
unpleasant /ʌn'plezənt/: désagréable
wicked /'wɪkɪd/, mean: méchant
to look like sb: ressembler à qqn

• My mother has curly blond hair. And I have straight red hair!
Ma mère a des cheveux blonds bouclés. Et moi, j'ai les cheveux roux et raides !

• My sister is very nice. And she's pretty too! She's never mean to me. Well, she can be tough at times.

Ma sœur est très sympa. Et elle est jolie aussi ! Elle n'est jamais méchante avec moi. Enfin, elle peut être dure parfois.

ZOOM

Becoming friends

Écoute ce document enregistré sur le site www.prepabac.com/media.

This picture reminds me of when I first went to England to study English. We were a group of foreign teenagers. All the people I met on this trip were very friendly and we all got on well. I'm still in touch with three of them, one student from Germany, one from Italy and one from Spain. We even managed to get together once in Ireland. We have become close friends and we know we can trust one another. The Italian girl is getting married and I look forward to meeting her husband.

SE TESTER QUIZ

1 Choisis le mot qui convient pour compléter chaque phrase.

1. Let me … you to Mr and Mrs Robinson, our new neighbours.
a. ☐ introduce **b.** ☐ present **c.** ☐ show

2. Goodbye! See you …
a. ☐ last Monday **b.** ☐ on Tuesday **c.** ☐ late

3. I love that actor! He is so … !
a. ☐ wicked **b.** ☐ good-looking **c.** ☐ short

4. I … my sister: we have a lot of things in common, we like the same things.
a. ☐ get on well with **b.** ☐ mistrust **c.** ☐ misunderstand

5. My parents give me 50 euros every month. It is my ….
a. ☐ silver pocket **b.** ☐ money in the pocket **c.** ☐ pocket money

S'ENTRAÎNER

2 Fais correspondre la phrase et sa traduction.

1. Les gens sont sympas.
2. Je suis en contact avec elle.
3. On est des amis proches.
4. J'attends avec impatience de te voir.

a. We are close friends.
b. I'm looking forward to seeing you.
c. People are friendly.
d. I'm in touch with her.

3 Coche ce qu'il convient de répondre. Plusieurs réponses sont possibles.

1. Good morning!
a. ☐ Hello! **b.** ☐ Pleased to meet you! **c.** ☐ Morning!

2. May I introduce you to Peter?
a. ☐ No, thank you. **b.** ☐ Pleased to meet you! **c.** ☐ Hello.

3. Hi, my name's Sabrina.
a. ☐ Thanks, Sabrina. **b.** ☐ I'm Jeff. **c.** ☐ Glad to meet you, Sabrina.

4. See you soon!
a. ☐ See you! **b.** ☐ Goodbye! **c.** ☐ Good afternoon!

4 Complète ce texte avec le vocabulaire qui convient en fonction de l'arbre généalogique.

Hi! Let me tell you about my family. My ...'s name is Sean, and my ... is called Margaret. They had two ... together: me, and Sue, my ... . I don't know much about Margaret's parents, the only ... I know are Laila and Steve. So, Laila is my ... and Steve my ... . They live in Aberdeen. They had two ... too: Sean and Susan, who is my ... . She's very nice.

SE TESTER

1 1. **a.** introduce 2. **b.** on Tuesday 3. **b.** good-looking 4. **a.** get on well with 5. **c.** pocket money

S'ENTRAÎNER

2 1. **c.** People are friendly. 2. **d.** I'm in touch with her. 3. **a.** We are close friends. 4. **b.** I'm looking forward to seeing you.

3 1. **a.** Hello! **c.** Morning! 2. **b.** Pleased to meet you! 3. **b.** I'm Jeff. **c.** Glad to meet you, Sabrina. 4. **a.** See you!

4 Hi! Let me tell you about my family. My **father's** name is Sean, and my **mother** is called Margaret. They had two **children** together: me, and Sue, my **sister**. I don't know much about Margaret's parents, the only **grandparents** I know are Laila and Steve. So, Laila is my **grandmother** and Steve my **grandfather**. They live in Aberdeen. They had two **children** too: Sean and Susan, who is my **aunt**. She's very nice.

CHAPITRE

14 Se nourrir

"Fruit is good for your health. You know what they say: 'An apple a day keeps the doctor away.'" "And you know what Churchill added: 'Especially if you aim carefully.'"

« Les fruits sont bons pour la santé. Tu sais ce qu'on dit : « Une pomme par jour éloigne le médecin. » – Et tu sais ce que Churchill a ajouté : « Surtout si tu vises comme il faut. »

A Food (la nourriture)

or'ganic food: la nourriture biologique
meat and fish: la viande et le poisson
'vegetables: les légumes
fruit: les fruits
bread and cheese: du pain et du fromage
a cake: un gâteau
a pie: une tarte, une tourte
lamb /læm/: l'agneau
beef: le bœuf
'mutton: le mouton
veal: le veau
pork: le porc
ham: le jambon
'sausages /sɒsɪdʒɪz/: les saucisses
'chicken: le poulet
an egg: un œuf
'salmon /sæmən/: le saumon
cod: le cabillaud
trout /traʊt/: la truite
'tuna: le thon
'seafood: les fruits de mer

a po'tato: une pomme de terre
mashed potatoes: de la purée
chips: des frites
crisps: des chips
rice: du riz
'pasta: des pâtes
peas: des petits pois
beans: des haricots
French/green beans: des haricots verts
a 'mushroom: un champignon
an 'apple: une pomme
a ba'nana: une banane
an 'orange: une orange
a 'lemon: un citron
a 'grapefruit: un pamplemousse
a peach: une pêche
a pear: une poire
a 'cherry: une cerise
a 'strawberry: une fraise
a 'raspberry /rɑːzbri/: une framboise
ice cream: de la glace

• I'm not a vegetarian, but I prefer vegetables to meat. I love peas, green beans, peppers and garlic.
Je ne suis pas végétarien, mais je préfère les légumes à la viande. J'adore les petits pois, les haricots verts, les poivrons et l'ail.

• I could live on waffles, pancakes, chocolate and crisps. But it's not balanced at all! It's fattening.
Je pourrais me nourrir de gaufres, de crêpes, de chocolat et de chips. Mais ce n'est pas équilibré du tout ! Ça fait grossir.

B Meals (les repas)

to have* a meal: prendre un repas
to drink*: boire
to eat*: manger
a 'pudding /'pʊdɪŋ/, a des'sert /dɪ'zɜːt/: un dessert
lunch: le déjeuner
'breakfast /'brekfəst/: le petit déjeuner
'dinner, 'supper: le dîner, le souper

• I like traditional English breakfast with bacon, eggs and sausages.
J'aime le petit déjeuner traditionnel anglais, avec du bacon, des œufs et des saucisses.

• On an ordinary day, I have bread and jam for breakfast. And I drink orange juice and tea, of course.
Un jour ordinaire, je mange du pain et de la confiture pour mon petit déjeuner. Et je bois du jus d'orange et du thé bien sûr.

C At the restaurant (au restaurant)

a 'coffee shop: un salon de thé
a 'customer: un client
the 'menu /'menjuː/: le menu
to make a reser'vation: faire une réservation
a 'starter: une entrée
a side dish: un accompagnement
the bill: l'addition
a cook, a chef: un cuisinier, un chef
a 'waiter: un serveur
'today's 'special: le plat du jour
to serve: servir
a main course: un plat principal
to 'order: commander

• "Good evening. Have you made a reservation?" "Yes, we have." "How many people?" "Just two." "What's your name?" "Ian Smith." "Would you follow me, please?" "Certainly! We're starving!"
« Bonsoir. Vous avez réservé ? – Oui. – Combien de personnes ? – Nous sommes juste deux. – Quel est votre nom ? – Ian Smith. – Vous voulez bien me suivre ? – Oui, bien sûr ! On meurt de faim. »

• Are you ready to order? If not, I would recommend our grilled fish. It's absolutely delicious.
Vous avez choisi ? Sinon, je vous recommanderais notre poisson grillé. Il est tout à fait délicieux.

zOOM

How to eat well or not

Prod DB © The Con / DR
SUPER SIZE ME (SUPER SIZE ME)
de Morgan Spurlock 2004

Écoute ce document enregistré sur le site www.prepabac.com/media.

"Have you seen this film?" "Yes, it's about a man who decides to eat only at McDonald's restaurants for a month. He has all his meals there, three times a day, and after four weeks he gains 11 kilos and has liver problems. The film director wanted to warn us about the dangers of the increasing spread of obesity in the United States, which he blames on bad food." "Well, I don't like meat. So I'm OK! I eat lots of organic vegetables and fruit. But I like fish too."

SE TESTER QUIZ

1 Quel mot peut compléter chaque phrase ?

1. Which fruit do you prefer? Oranges or ...?
a. ☐ chicken b. ☐ apples c. ☐ menus

2. I am vegetarian, so I don't eat ...
a. ☐ ham b. ☐ bread c. ☐ chips

3. We've been in this restaurant for 20 minutes and the ... still hasn't brought the menu!
a. ☐ chef b. ☐ bill c. ☐ waiter

4. Tuna is a type of ...
a. ☐ meat b. ☐ fish c. ☐ dessert

5. Do you like ... jam?
a. ☐ pork b. ☐ breakfast c. ☐ strawberry

S'ENTRAÎNER

2 Barre l'intrus.

1. pear – banana – strawberry – pasta
2. chicken – chips – sausages – lamb
3. beans – cherry – lemon – grapes
4. ice cream – cake – bread – apple pie
5. cod – vegetables – salmon – tuna

3 Remets dans l'ordre les lettres pour obtenir un mot qui correspond à chaque définition.

1. The man who cooks in a restaurant	HFCE
2. What you eat first in a restaurant	RASTTER
3. Your first meal of the day	AASBKFTRE
4. What you do with water or coke	NKRID
5. Peas and beans, for example	EEBGSLVATE

4 **Complète les bulles de ce dialogue au restaurant.**

SE TESTER

1 **1. b.** apples **2. a.** ham **3. c.** waiter **4. b.** fish **5. c.** strawberry

S'ENTRAÎNER

2 **1.** pasta (n'est pas un fruit) **2.** chips (n'est pas une viande) **3.** beans (n'est pas un fruit) **4.** bread (n'est pas un dessert) **5.** vegetables (n'est pas un poisson).

3 **1.** chef **2.** starter **3.** breakfast **4.** drink **5.** vegetables

4 **1.** two **2.** menu **3.** order **4.** bill

CHAPITRE

15 Faire les courses

"My motto is 'shop till you drop'. I love this place. It's one of the largest shopping malls in the world. Aren't you impressed?" "Oh, yes! As Bill Bryson said, we used to build civilizations now we build shopping malls."

« Ma devise est « acheter à en tomber ». J'adore cet endroit. C'est l'un des plus grands centres commerciaux du monde. Tu n'es pas impressionné ? – Oh, si ! Comme disait Bill Bryson, autrefois on construisait des civilisations et maintenant on construit des centres commerciaux. »

A Shops (les magasins)

a shop (GB), a store (US): un magasin
the 'bakery, the 'baker's (shop): la boulangerie
the 'butcher's: le boucher
a 'bookshop: une librairie
a de'partment store: un grand magasin
a clothes shop: un magasin de vêtements
a shoe shop: un magasin de chaussures
a 'shopping 'centre (GB),
a shopping mall (US): un centre commercial
a 'market: un marché
a 'supermarket: un supermarché
a price tag: une étiquette (de prix)
a 'counter: un comptoir
a 'shop as'sistant: un vendeur
free de'livery: livraison gratuite
a cash desk: une caisse

• I prefer markets to supermarkets. In supermarkets I'm often tempted to buy unnecessary products or food that I will not eat!
Je préfère les marchés aux supermarchés. Dans les supermarchés, je suis souvent tenté d'acheter des produits inutiles ou de la nourriture que je ne mangerai pas !

• Excuse me, I'm looking for a nice clothes shop that's not too expensive.
Excusez-moi, je cherche un magasin de vêtements sympas qui ne soit pas trop cher.

• I love shopping. I love going from one shop to another. That's why I never shop online.
J'adore faire des courses. J'adore aller d'un magasin à l'autre. C'est pour ça que je ne fais jamais de courses sur Internet.

B Going shopping (faire des courses)

a 'customer: un client	to pay* (cash): payer (en liquide)
a 'bargain: une affaire	to spend* money: dépenser de l'argent
the price: le prix	a 'credit card: une carte de crédit
How much is it? C'est combien ?	the re'ceipt /rɪ'siːt/: le ticket de caisse
to cost*: coûter	the sales: les soldes
to buy*: acheter	'window-shopping: le lèche-vitrines
to sell*: vendre	the change: la monnaie

• What about going shopping? The sales are on! Don't worry, I'm not going to spend a lot of money. Besides, window-shopping is free!
Et si on allait faire des courses ? C'est les soldes ! Ne t'en fais pas, je ne vais pas dépenser beaucoup d'argent. En plus, le lèche-vitrines est gratuit !

• "There's a sign that says 'Shoplifters will be prosecuted.'" "I don't feel concerned. I wouldn't be seen dead in these clothes."
« Il y a un panneau qui dit : « Les voleurs feront l'objet de poursuites. » – Je ne me sens pas concerné. Pour rien au monde je ne porterais ces habits. »

C Clothes (les vêtements)

a shirt: une chemise	a sock: une chaussette
'trousers (GB), pants (US): un pantalon	'stockings: des bas
jeans: un jean	tights: des collants
a 'jumper (GB), a 'sweater (US): un pull	'dirty 'linen: du linge sale
a skirt: une jupe	'fashion: la mode
a dress: une robe	'fashionable: à la mode
a 'jacket: une veste	old-fashioned: démodé
a suit: un costume	'casual /'kæʒjuəl/: décontracté
a 'tracksuit: un survêtement	the size: la taille
a coat: un manteau	to wear*: porter (un vêtement)
a 'raincoat: un imperméable	to fit: être à la bonne taille
a 'uniform /'juːnɪfɔːm/: un uniforme	to suit: aller bien, convenir à la personne

• Excuse me. What size is this shirt? Can I try it on? I think it'll suit me. Anyway, it fits me. Actually, I look good in anything!
Excusez-moi. Quelle est la taille de cette chemise ? Je peux l'essayer ? Je crois qu'elle m'ira. De toute façon, elle est à ma taille. En fait, tout me va bien !

• "Did you know that Marie-Antoinette was a fashion icon in her days?" "Well, you know where that led her."
« Tu savais que Marie-Antoinette était une icône de la mode à son époque ? – Eh bien, tu sais où ça l'a menée. »

D Shoes and accessories (chaussures et accessoires)

boots: des bottes
'trainers (GB), 'sneakers (US): des baskets
'sandals: des sandales
high-heeled shoes: des chaussures à talons hauts
clogs: des sabots
'slippers: des pantoufles
'undergarments, 'underwear: des sous-vêtements
a vest: un maillot de corps
a bra: un soutien-gorge
py'jamas (GB), pa'jamas (US): un pyjama
a 'bathrobe: un peignoir
a hat: un chapeau
a cap: une casquette
a scarf (pl. scarves): une écharpe, un foulard
can af'ford something: avoir les moyens d'acheter quelque chose
gloves: des gants
a 'collar: un col
an um'brella: un parapluie
a (hand)bag: un sac (à main)
a belt: une ceinture
a zip: une fermeture Éclair
(sun)glasses: des lunettes (de soleil)
a tie: une cravate
'fabric: du tissu
a watch: une montre
'jewels /dʒu:əlz/: des bijoux
a 'necklace /nekləs/: un collier
'earrings: des boucles d'oreille
a ring: une bague

• T-shirts and sleeveless shirts are often made of cotton, but other fabric can be used too.
Les tee-shirts et les débardeurs sont souvent en coton, mais on peut aussi utiliser d'autres tissus.

• Jewels are often made from precious metals. I love necklaces, earrings, bracelets, rings... But I can't afford them!
Les bijoux sont souvent faits de métaux précieux. J'adore les colliers, les boucles d'oreilles, les bracelets, les bagues... Mais je n'ai pas les moyens de m'en acheter !

ZOOM

Do you like shopping?

Écoute ce document enregistré sur le site www.prepabac.com/media.

I enjoy shopping. I love buying clothes. When the sales are on, I just go crazy. My friends go crazy too. And I'm so happy when I come out of a shop carrying lots of bags. That's when my friends and I need a rest. The only thing I don't like is having to queue at the counter to pay. I don't like it when I see the price tags of the clothes I've just bought. And I hate it when I get home and see how much money I've spent. My parents hate it even more than me.

SE TESTER QUIZ

1 Fais correspondre chaque mot à sa définition.

1. a shopping centre	a. It gives the time.
2. a loyalty card	b. It indicates how much you have spent.
3. a watch	c. It allows you to accumulate bonus points.
4. the receipt	d. You're one of them if you buy something.
5. the customer	e. A place where you can find several stores.

S'ENTRAÎNER

2 Remets les lettres dans l'ordre, puis relie le mot à sa définition.

1. B I A R F C ______	a. You wear one to practice a sport.
2. K R A S P R E U M T E ___________	b. You can buy food there.
3. A L L B U M E R ________	c. You'd better have one if it rains.
4. S A R K T C U I T _________	d. Clothes are made with it.
5. N A F I O S H: _______	e. Follow it if you want to wear the in clothes.

3 Nomme les éléments désignés.

1. ....
2. ....
3. ....
4. ....
5. ....
6. ....
7. ....
8. ....
9. ....
10. ....
11. ....
12. ....

4 **Tu es dans un magasin de vêtements en Irlande. Fais correspondre chaque situation avec ce qui pourrait être dit en anglais.**

1. Tu vois un manteau magnifique, tu t'aperçois qu'il n'y a pas le prix.
2. Tu veux voir un vendeur pour avoir des informations.
3. Le vendeur arrive, tu veux connaître le prix du manteau.
4. Tu apprends que ce manteau est à 10 euros.
5. Tu veux connaître sa taille.
6. Tu l'essaies et tu trouves qu'il te va bien.

a. What size is it?
b. Wow! It's a real bargain!
c. It suits me, I think I'll take it.
d. Oh, there isn't a price tag on it…
e. How much is this coat?
f. Where is the shop assistant, please?

SE TESTER

1 1. **e.** A place where you can find several stores. 2. **c.** It allows you to accumulate bonus points. 3. **a.** It gives the time. 4. **b.** It indicates how much you have spent. 5. **d.** You're one of them if you buy something.

S'ENTRAÎNER

2 1. **fabric** **d.** Clothes are made with it. 2. **supermarket** **b.** You can buy food there. 3. **umbrella** **c.** You'd better have one if it rains. 4. **tracksuit** **a.** You wear one to practice a sport. 5. **fashion** **e.** Follow it if you want to wear the in clothes.

3 1. hat 2. earrings 3. dress 4. belt 5. shoes 6. necklace 7. cap 8. shirt 9. trousers 10. socks 11. trainers/sneakers 12. umbrella

4 1. **d.** Oh, there isn't a price tag on it… 2. **f.** Where is the shop assistant, please? 3. **e.** How much is this coat? 4. **b.** Wow! It's a real bargain! 5. **a.** What size is it? 6. **c.** It suits me, I think I'll take it.

CHAPITRE

16 Faire des études

Education has been compulsory in the United Kingdom since 1870. At first, only children from five to ten years old had to attend school. Full-time education is now compulsory for all children aged between five and sixteen.

L'enseignement est obligatoire au Royaume-Uni depuis 1870. Au début, seuls les enfants de cinq à dix ans devaient aller à l'école. L'enseignement à plein temps est maintenant obligatoire pour tous les enfants de cinq à seize ans.

A Schools (les écoles)

a 'nursery school: une école maternelle
a 'primary school (GB), an ele'mentary school (US): une école primaire
a compre'hensive school (GB), a 'junior high school (US): un collège
a 6th form 'college (GB), a 'senior high school (US): un lycée
'A levels (GB), high school di'ploma (US): diplôme de fin de lycée
a 'pupil /pju:pəl/, a 'student /'stju:dnt/: un élève
the head (master/mistress)(GB), the principal (US): le principal, le proviseur
the 'deputy head (GB): le principal adjoint, le proviseur adjoint
the gym'nasium /dʒɪm'neɪziəm/: le gymnase
a 'blackboard / a 'whiteboard: un tableau noir / un tableau blanc
a form (GB), a grade (US): une classe [niveau]
the (school) li'brarian: le documentaliste
the 'schoolyard: la cour (de récréation)
a 'teacher: un professeur
a 'classroom: une salle de classe
the 'sickroom: l'infirmerie

• It's back to school day! I hope I'll have the same teachers as last year.
C'est la rentrée ! J'espère que j'aurai les mêmes profs que l'année dernière.

• There is an interactive whiteboard in our classroom. But our teacher also likes to use the good old blackboard and chalk!
Il y a un tableau interactif dans notre salle de classe. Mais notre prof aime bien aussi utiliser le bon vieux tableau noir et de la craie !

B Studying (étudier)

a class: un cours
mathe'matics: les mathématiques
'history: l'histoire
P.E. ('physical edu'cation): l'EPS
'physics: la physique
science/saɪəns/: la science
languages /'læŋgwɪdʒɪz/: les langues
com'puter 'science: l'informatique
a 'subject: une matière
a 'timetable: un emploi du temps
an 'exercise: un exercice
a presen'tation: un exposé
a mark (GB), a grade (US): une note
a mis'take: une erreur
'homework (indén.): des devoirs
a 'paper: un devoir
a test: un devoir sur table
a (school) re'port: un bulletin (scolaire)
the instruc'tions: les consignes
to study /'stʌdi/: étudier
to take an e'xam: passer un examen
to pass an exam: réussir un examen
to suc'ceed: réussir
to fail: échouer
to re'peat a year, a class: redoubler
to cross out: barrer
to tick: cocher
to cor'rect: corriger
to under'line: souligner
to quote: citer
to fill in the blanks: remplir les blancs

• I have to do my homework tonight. I have to give a presentation in Spanish tomorrow. I hope I won't make too many mistakes.
Je dois faire mes devoirs ce soir. Je dois faire un exposé en espagnol demain. J'espère que je ne ferai pas trop d'erreurs.

• Always read the instructions carefully before starting an exercise.
Lisez toujours les consignes attentivement avant de commencer un exercice.

C Education (l'éducation)

be'haviour: le comportement
consci'entious /kɒnʃɪ'enʃəs/: sérieux, appliqué
hard-'working: travailleur
po'lite /pə'laɪt/: poli
'talkative /'tɔːkətɪv/: bavard
rude: grossier, impoli
bad, 'naughty /'nɔːti/: méchant
a 'bully /'bʊli/: un petit tyran
strict: sévère
a spoilt child: un enfant gâté
to 'follow: suivre
to 'listen (to sb): écouter
to o'bey sb: obéir à qqn
to scold: gronder
to 'punish /'pʌnɪʃ/: punir
to cheat: tricher
to spoil*: gâter

• My parents are very talkative and their conversation is never dull.
Mes parents sont très bavards et leur conversation n'est jamais ennuyeuse.

• I always behave myself: I obey my parents and I listen to them. I'm never rude, nor naughty. In other words, I'm a perfect child. Why do my brother and my sister hate me?
Je me tiens toujours bien : j'obéis à mes parents et je les écoute. Je ne suis jamais grossier, ni méchant. En d'autres termes, je suis un enfant parfait. Pourquoi est-ce que mon frère et ma sœur me détestent ?

ZOOM

New schools in South Africa

Écoute ce document enregistré sur le site www.prepabac.com/media.

This is the new South Africa. Pupils of different colours are now allowed to study together in the same school and the same class. These kids wear the same uniforms, because they go to the same school. It's amazing to think that until 1994 it was illegal for white children and coloured children to attend the same schools! That period of racial segregation in South Africa is called apartheid. Thank God it's over!

SE TESTER QUIZ

1 Trouve le mot qui correspond à chaque définition.

1. You look at it when you want to know what subject you have, and at what time.
a. ☐ a timetable **b.** ☐ a binder **c.** ☐ a diary

2. A pupil does it when he copies on his neighbour during a test.
a. ☐ scold **b.** ☐ follow **c.** ☐ cheat

3. You do it when something is wrong.
a. ☐ underline **b.** ☐ tick **c.** ☐ cross out

4. You do it orally in front of the class.
a. ☐ a paper **b.** ☐ a presentation **c.** ☐ a test

5. It's where you go for your P.E. lesson.
a. ☐ the sickroom **b.** ☐ the classroom **c.** ☐ the gymnasium

S'ENTRAÎNER

2 Fais correspondre par des flèches les équivalents dans les systèmes britannique, américain et français.

GB	US	F
1. primary school	senior high school	une note
2. a form	junior high school	école primaire
3. 6th form college	a grade	collège
4. comprehensive school	a grade	lycée
5. a mark	elementary school	une classe

3 Trouve le mot qui correspond à chaque illustration.

Subjects

1. ....

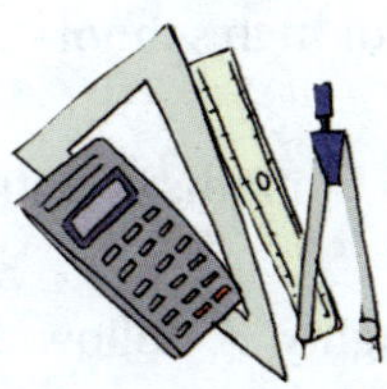

2. ....

3. ....

Objects

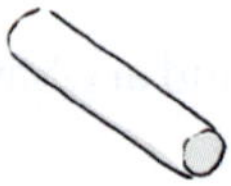

4. .... 5. .... 6. ....

4 Traduis les mots suivants. À partir des cases colorées, tu obtiendras le nom d'une célèbre école située en Écosse.

1. punir : _ _ _ _ _ _
2. gronder : _ _ _ _ _
3. méchant : _ _ _ _ _ _ _
4. suivre : _ _ _ _ _ _
5. échouer : _ _ _ _
6. souligner : _ _ _ _ _ _ _ _ _
7. tricher : _ _ _ _ _
8. erreur : _ _ _ _ _ _ _

Mot mystère : _ _ _ _ _ _ _ _

SE TESTER

1 1. **a.** a timetable 2. **c.** cheat 3. **c.** cross out 4. **b.** a presentation 5. **c.** the gymnasium

S'ENTRAÎNER

2 1. primary school - elementary school - école primaire
2. a form - a grade - une classe
3. 6th form college - senior high school - lycée
4. comprehensive school - junior high school - collège
5. a mark - a grade - une note

3 1. P.E. (physical education) 2. maths – mathematics 3. computer science 4. chalk 5. a pencil 6. a binder

4 1. punish 2. scold 3. naughty 4. follow 5. fail 6. underline 7. cheat 8. mistake

Mot-mystère : Hogwarts (Poudlard, l'école de Harry Potter).

CHAPITRE

17 Les sports, les loisirs, les médias

"If watching TV was an Olympic sport you'd beat all your opponents with flying colours and this room would be full of gold medals." "Maybe we should start a petition then."

« Si regarder la télé était un sport olympique, tu battrais tous tes adversaires haut la main et cette pièce serait pleine de médailles en or. – On devrait peut-être lancer une pétition dans ce cas. »

A Sports (les sports)

a 'stadium /ˈsteɪdiəm/: un stade
the O'lympic games: les Jeux olympiques
'practice, 'training: l'entraînement
a race: une course
shorts: un short
a 'jersey: un maillot
to score a goal: marquer un but
a 'friendly match: un match amical
a 'goalkeeper: un gardien de but
extra time: les prolongations
'bodybuilding: la musculation
table tennis (GB), ping-pong (US): le ping-pong
indoor/ outdoor ac'tivities: les activités d'intérieur/ en extérieur
'swimming: la natation
ath'letics: l'athlétisme
a team: une équipe
a coach: un entraîneur
a 'tracksuit: un survêtement
'trainers (GB), 'sneakers (US): des tennis, des baskets
a refe'ree: un arbitre
gym'nastics: la gymnastique
'ballet /ˈbæleɪ/ dancing: la danse classique
squash: le squash

• "Do you do a lot of sport?" "Well, I try to go to the gym twice a week. But my favourite sport is horse riding."
« Tu fais beaucoup de sport? – Eh bien, j'essaie d'aller à la gym deux fois par semaine. Mais mon sport préféré est l'équitation. »

• Our team didn't score a goal. But it doesn't matter. It was a friendly match.
Notre équipe n'a pas marqué de but. Mais peu importe. C'était un match amical.

B Leisure (les loisirs)

a game: un jeu
a board game: un jeu de société
a toy: un jouet
to have fun: s'amuser
to 'follow the rules: suivre les règles
a mu'seum /mjuː'ziəm/: un musée
an exhi'bition: une exposition
a 'painting: un tableau
a 'canvas: une toile
a 'painter: un peintre
a brush: un pinceau
a 'novel /'nɒvl/: un roman
a short 'story: une nouvelle
a (fairy) tale: un conte (de fées)
the main 'character: le personnage principal
the nar'rator /nə'reɪtə/: le narrateur
a 'diary /'daɪəri/: un journal intime
to read*: lire
a film (GB), a movie (US): un film
a 'thriller: un film à suspense
in the o'riginal (version): en version originale
an 'actor / an 'actress: un acteur / une actrice
to go* to the 'cinema (GB), 'movies (US): aller au cinéma
an 'orchestra: un orchestre
to 'listen to 'music: écouter de la musique
to go to a 'concert: aller à un concert
a play: une pièce de théâtre
the plot: l'intrigue
a re'hearsal /ri'hɜːsəl/: une répétition
to at'tend: assister à
to go to the 'theatre (GB), theater (US): aller au théâtre

• "Do you often go out?" "Yes, I do. My girlfriend sings in a musical and her father is an actor. I'm very lucky."
« Tu sors souvent ? – Oui. Ma petite amie chante dans une comédie musicale et son père est acteur. J'ai beaucoup de chance. »

• When I go to the theatre, I often find the audience as interesting as the play itself.
Quand je vais au théâtre, je trouve souvent le public aussi intéressant que la pièce elle-même.

C The media (les médias)

the media /miːdiə/: les médias
the press: la presse
a 'newspaper: un journal
a 'journal /'dʒɜːnəl/: une revue
the front page: la une
an 'article: un article
the 'headlines: les titres
the news (indén.): les nouvelles
to take* out a sub'scription to a maga'zine: s'abonner à un magazine
'television: la télévision
a 'channel: une chaîne
a 'programme: une émission
a TV 'series /'sɪəriːz/: une série télé
a docu'mentary: un documentaire
to turn on the TV: allumer la télé
to turn off the TV: éteindre la télé
to 'channel-hop: zapper
a 'radio 'station: une station de radio

• "I don't really feel like watching TV. What about listening to some music?" "No problem, I'll turn the radio on."
« Je n'ai pas vraiment envie de regarder la télé. Et si on écoutait un peu de musique ? – Pas de problème, j'allume la radio. »

• In my city, I have a choice of three free papers. Plus, I read the news on my mobile phone. And I listen to the news on the radio.
Dans ma ville, j'ai le choix entre trois journaux gratuits. En plus, je lis les nouvelles sur mon téléphone portable. Et j'écoute les informations à la radio.

ZOOM

Art is full of mysteries

Écoute ce document enregistré sur le site www.prepabac.com/media.

These students are both fascinated and amused by the painting. It must be said that it is rather amusing. In this self-portrait, the British artist Maggi Hambling has painted herself with three arms. Indeed, she needs three arms to hold what she likes most in her life: a cigarette, a drink and a paint-brush! I'd like to know who the man in the top left-hand corner is.

SE TESTER QUIZ

1 Quel mot correspond à chaque définition ?

1. During a football match, he gives yellow and red cards.
a. ☐ a referee **b.** ☐ a goalkeeper **c.** ☐ a coach

2. They indicate what the articles are about.
a. ☐ the diaries **b.** ☐ the news **c.** ☐ the headlines

3. There are many before a play is performed.
a. ☐ theatres **b.** ☐ rehearsals **c.** ☐ orchestras

4. You must follow them when you play.
a. ☐ the novels **b.** ☐ the rules **c.** ☐ the board games

5. Most of the time, he or she is the hero.
a. ☐ the thriller **b.** ☐ the main character **c.** ☐ the reader

S'ENTRAÎNER

2 Complète le dialogue avec les mots de la liste.

original – play – television – theatre – cinema – plot – documentary

"Patricia, we could watch … tonight. There is a good … about dolphins."
"Oh, no! I don't want to stay at home! I'd rather go out. Why not go to the … ? There is a good … by Shakespeare, *Hamlet*. It's a tragedy. The … is really interesting."
"Well, if you absolutely want to go out, I'd prefer to go to the … . It's less expensive and more entertaining to me. They're showing *Les Visiteurs* in the … at the Rex tonight."
"In French? But I won't understand anything!"

3 Remets les lettres dans l'ordre pour obtenir les mots correspondant à ces définitions.

1. A sport with an animal — RHESO DIIGRN
2. Someone who writes music pieces — EMSCPORO
3. The people who attend a play or a concert — NDEECUIA
4. A book where you write about your life — IRAYD
5. *Snow White* and *Beauty and the Beast*, for example — IRAYF LETA

4 Choisis le mot qui convient le mieux.

1. In the (newspaper/diary), there is (a front page/an article) about the Prime Minister.
2. When I want to (enjoy/have fun), I (make/do) crosswords.
3. (The coach/The referee) said that all the (stadium/team) had to wear blue jerseys.
4. My favourite (outdoor activity/board game) is *Trivial Pursuit*.
5. I never (read/write) the newspaper. Usually, to get informed, I watch (the news/the series).

SE TESTER

1 1. **a.** a referee 2. **c.** the headlines 3. **b.** rehearsals 4. **b.** the rules 5. **b.** the main character

S'ENTRAÎNER

2 "Patricia, we could watch **television** tonight. There is a good **documentary** about dolphins."
"Oh, no! I don't want to stay at home! I'd rather go out. Why not go to the **theatre**? There is a good **play** by Shakespeare, *Hamlet*. It's a tragedy. The **plot** is really interesting."
"Well, if you absolutely want to go out, I'd prefer to go to the **cinema**. It's less expensive and more entertaining to me. They're showing *Les Visiteurs* in the **original** at the Rex tonight."
"In French? But I won't understand anything!"

3 1. horse riding 2. composer 3. audience 4. diary 5. fairy tale

4 1. In the **newspaper**, there is **an article** about the Prime Minister.
2. When I want to **have fun**, I **do** crosswords.
3. **The coach** said that all the **team** had to wear blue jerseys.
4. My favourite **board game** is *Trivial Pursuit*.
5. I never **read** the newspaper. Usually, to get informed, I watch **the news**.

CHAPITRE

18 Les nouvelles technologies, le monde du travail

"I'm scared of robotics and artificial intelligence. New technologies will allow robots to do some jobs that require significant education. And so skilled jobs may come under threat." "That's what they say with each new invention."

« J'ai peur de la robotique et de l'intelligence artificielle. Les nouvelles technologies permettront aux robots de faire des boulots qui requièrent une éducation importante. Et ainsi des emplois qualifiés peuvent être menacés. – C'est ce qu'on dit avec chaque nouvelle invention. »

A New technologies (les nouvelles technologies)

an ac'count: un compte
a 'password: un mot de passe
the 'internet, the net: Internet
a com'puter: un ordinateur
the 'keyboard: le clavier
a key: une touche
'software (indén.): les logiciels
an 'internet pro'vider: un fournisseur d'accès
to surf the web: surfer sur le web
to log on: se connecter
to down'load: télécharger
an at'tachment: un fichier joint
a 'username: un nom d'utilisateur
a 'scientist /saɪəntɪst/: un scientifique
a 'laptop (computer): un (ordinateur) portable
the 'printer: l'imprimante
a 'memory stick, a flash drive: une clé USB
a 'network: un réseau
to turn on/off: allumer/ éteindre
to at'tach (a file): joindre (un fichier)

• You can use my laptop, but don't download any applications. Also, don't forget to upgrade the anti-virus regularly. I hate bugs.
Tu peux utiliser mon portable, mais ne télécharge pas d'applications. En plus, n'oublie pas de mettre à jour l'anti-virus régulièrement. Je déteste les bugs.

• How do I know if this website is safe? I love surfing the web but I'm always cautious.
Comment savoir si ce site est sécurisé ? J'adore naviguer sur Internet mais je suis toujours prudent.

B The world of work (le monde du travail)

to look for work: chercher du travail
to ap'ply for a job: faire une demande d'emploi
a job ad'vertisement /əd'vɜːtɪsmənt/: une annonce d'emploi
a job 'interview: un entretien d'embauche
to have a job: avoir un emploi
to work full-time/ part-time: travailler à plein temps/ à mi-temps
to earn 'money: gagner de l'argent
to fire, to dis'miss: renvoyer
to be unem'ployed: être au chômage
to re'tire: prendre sa retraite
to go* on strike: faire grève
a 'salary: un salaire
unem'ployment: le chômage
a 'factory: une usine
an as'sembly line: une chaîne (de montage)
a firm: une entreprise
an 'office: un bureau
the staff, the person'nel: le personnel

• If I win the lottery, I'll resign or maybe I'll work part-time. I would miss my colleagues and I don't like the idea of being unemployed.
Si je gagne à la loterie, je démissionnerai ou peut-être que je travaillerai à mi-temps. Mes collègues me manqueraient et je n'aime pas l'idée d'être au chômage.

• The staff are not happy. Some trade unionists want to go on strike.
Le personnel n'est pas satisfait. Certains syndicalistes veulent faire grève.

C Jobs (les métiers)

an em'ployee: un employé
a 'worker: un ouvrier
a tech'nician: un technicien
an engi'neer: un ingénieur
a trai'nee, an 'intern: un stagiaire
a shop as'sistant: un vendeur
a 'baker: un boulanger
a 'hairdresser: un coiffeur
a po'lice 'officer: un policier
a judge: un juge
a me'chanic: un mécanicien
a 'gardener: un jardinier
a boss: un patron
a 'secretary: un secrétaire
a com'puter 'programmer: un informaticien
an ap'prentice: un apprenti
an ac'countant: un comptable
a 'farmer: un agriculteur
a 'butcher /'bʊtʃə/: un boucher
a li'brarian: un bibliothécaire
an 'architect: un architecte
a 'lawyer /'lɔɪə/: un avocat
a 'cleaner: un agent d'entretien
a 'bricklayer: un maçon

• I'm fed up with doing odd jobs. I'd love to be a gardener or an architect or an engineer, but not a bricklayer. I think it's not as creative.
J'en ai assez de faire des petits boulots. J'aimerais être jardinier, ou architecte, ou ingénieur mais pas maçon. Je pense que c'est moins inventif.

• My mother is a pilot and my father a steward. I'd like to be a mechanic and repair planes. That way we could all work together!
Ma mère est pilote et mon père est steward. J'aimerais être mécanicien et réparer des avions. Comme ça on pourrait tous travailler ensemble !

ZOOM

Computers are everywhere!

Écoute ce document enregistré sur le site www.prepabac.com/media.

No, we're not playing with computers, we're working! This is actually a Photoshop session, in our art and design class. The problem is that when I get home I still spend a lot of time in front of a screen. And when I finally log off, it's to watch TV! But before that, I have to send a few text messages with my mobile phone. I need to stay connected with all my friends. My dad has just bought an e-book reader. It's crazy. We live in a virtual world.

SE TESTER QUIZ

1 Choisis le mot qui convient le mieux pour compléter chaque phrase parmi les propositions suivantes.

1. I've been to the ...'s: look at my new haircut!
a. ☐ hairdresser **b.** ☐ plumber **c.** ☐ lawyer

2. When I have a job, I'll ... money.
a. ☐ win **b.** ☐ earn **c.** ☐ give

3. When I travel I always take my ... with me, because I couldn't do my job without a computer.
a. ☐ memory stick **b.** ☐ laptop **c.** ☐ Internet provider

4. I couldn't be a ..., I'm a vegetarian and I think it would disgust me.
a. ☐ baker **b.** ☐ shop assistant **c.** ☐ butcher

5. My brother is a ..., he loves his uniform and he is proud of arresting gangsters.
a. ☐ librarian **b.** ☐ scientist **c.** ☐ police officer

S'ENTRAÎNER

2 Complète ce message avec des mots tirés de la liste suivante.

flash drive / memory stick - Internet - download - attachment - flash drive / memory stick - log on - computer

Yesterday, in ICT (infor'mation and communi'cation tech'nologies), we learnt how to ... a file and save it on a .... The teacher explained that we had to turn on the ... and of course ... using our username and password. Once we are on the ..., we have to open our mail and once we have selected the ... that we want to save on our ..., we just have to click on "save as".

3 Complète cette petite annonce pour embaucher un comptable à mi-temps pour un salaire de £1500 par mois en choisissant parmi les mots suivants.

WANTED

...

to work ... in a ... specialised in manufacturing

... : £1500 a month

Will occasionally have to deal with the ...

Please contact Mr Bobsand: 065 656465 111

technician - accountant
part-time - full-time
office - firm - assembly line
staff - salary/income - strike
personal - boss - personnel

4 **Fais correspondre chaque métier à sa définition.**

1. librarian — **a.** plants bulbs and flowers
2. mechanic — **b.** makes plans of bridges
3. farmer — **c.** works with books
4. baker — **d.** makes bread
5. gardener — **e.** repairs cars and motorbikes
6. engineer — **f.** has fields, cows and hens

SE TESTER

1 1. **a.** hairdresser 2. **b.** earn 3. **b.** laptop 4. **c.** butcher 5. **c.** police officer

S'ENTRAÎNER

2 Yesterday, in ICT, we learnt how to **download** a file and save it on a **flash drive** / **memory stick**. The teacher explained that we had to turn on the **computer** and of course **log on** using our username and password. Once we are on the **Internet**, we have to open our mail and once we have selected the **attachment** that we want to save on our **memory stick** / **flash drive**, we just have to click on "save as".

3 Wanted **accountant**
to work **part-time**
in a **firm** specialised in manufacturing
salary/income: £1500 a month
Will occasionally have to deal with the **personnel**
Please contact Mr Bobsand:
065 656465 1112

4 1. **c.** librarian: works with books 2. **e.** mechanic: repairs cars and motorbikes 3. **f.** farmer: has fields, cows and hens 4. **d.** baker: makes bread 5. **a.** gardener: plants bulbs and flowers 6. **b.** engineer: makes plans of bridges

CHAPITRE

19 L'écologie

"Nature is a fragile ecosystem. I don't like spiders but if spiders went extinct we would be surrounded by insects. And if plankton went extinct, all animals living in the sea would die. I'd miss fish and chips!"

« La nature est un écosystème fragile. Je n'aime pas les araignées mais si les araignées disparaissaient, on serait entourés d'insectes. Et si le plancton disparaissait, tous les animaux qui vivent dans la mer mourraient. Le *fish and chips* me manquerait ! »

A Nature (la nature)

the Earth: la Terre
'wildlife: les animaux sauvages
the 'landscape: le paysage
a 'village /ˈvɪlɪdʒ/: un village
a hill: une colline
a bush: un buisson
a wood: un bois
a lake: un lac
a 'valley: une vallée
a stream: un ruisseau
rock: de la roche
the sea: la mer
the tide: la marée
an 'island /ˈaɪlənd/: une île
the shore: le rivage
a beach: une plage
biodi'versity: la biodiversité
the 'habitat: l'habitat

to live in the 'country /ˈkʌntri/: vivre à la campagne
a field: un champ
a meadow /ˈmedəʊ/: un pré, une prairie
a fence: une barrière, une clôture
a ditch: un fossé
a hedge: une haie
a 'forest: une forêt
a 'river: une rivière, un fleuve
in the 'mountains /ˈmaʊntɪnz/ : à la montagne
a 'waterfall: une cascade
at the 'seaside: au bord de la mer
a wave: une vague
a 'lighthouse: un phare
the coast: la côte
a cliff: une falaise
sand: du sable

• I live in the country with my parents but I'll have to move to a city when I go to university. I'd like to study in a city by the sea.
Je vis à la campagne avec mes parents mais il faudra que je déménage dans une grande ville quand j'irai à l'université. J'aimerais étudier dans une ville au bord de la mer.

• All plants must be protected. They hold medicinal properties. Also, biodiversity is essential for the planet.
On doit protéger toutes les plantes. Elles ont des propriétés médicinales. En plus, la biodiversité est essentielle pour la planète.

B The climate (le climat)

'climate /klaɪmət/ change: le changement climatique
the 'temperature: la température
a de'gree: un degré
a 'season: une saison
spring: le printemps
'summer: l'été
'autumn, fall (US): l'automne
'winter: l'hiver
wet, 'humid: humide
dry: sec
cold: froid
cool, 'chilly: frais
mild: doux
'temperate: tempéré

warm: bon, chaud
hot: (très) chaud
the heat: la chaleur
a ca'tastrophe /kə'tæstrəfifi/: une catastrophe
an e'ruption: une éruption volcanique
a vol'cano /vɒl'keɪnəʊ/: un volcan
a heat wave: une canicule
a 'hurricane /hʌrɪkən/: un ouragan
'natural di'sasters: les catastrophes naturelles
bad 'weather: les intempéries
an 'earthquake: un tremblement de terre
drought /draʊt/: la sécheresse
'flooding, a flood: une inondation
a tor'nado: une tornade

• We had a severe drought last year. The heat wave lasted three weeks. It was followed by heavy rain, which caused a lot of flooding.
On a eu une forte sécheresse l'année passée. La canicule a duré trois semaines. Elle a été suivie par une pluie abondante, qui a provoqué de nombreuses inondations.

• No one should be happy about climate change, even in rich countries. Its consequences are unpredictable.
Personne ne devrait se réjouir du changement climatique, même dans les pays riches. Ses conséquences sont imprévisibles.

C The environment (l'environnement)

pol'lution: la pollution
to pol'lute: polluer
smoke: la fumée
to e'mit: émettre
'carbon di'oxide e'missions: les émissions de dioxyde de carbone
environ'mentalism: l'écologie
'eco-friendly: qui respecte l'environnement
re'cycling: le recyclage
'wind 'power: l'énergie éolienne
'waste 'treatment: le retraitement des déchets
'waste sepa'ration: le tri sélectif
'global 'warming: le réchauffement climatique
the 'ozone 'layer /'leɪə/: la couche d'ozone
'nuclear 'power /'nju:klɪə 'paʊə/: l'énergie nucléaire
a 'nuclear 'plant: une centrale nucléaire
'garbage /'gɑ:bɪdʒ/: les ordures
a dump: une décharge
the 'habitat: l'habitat
an environ'mentalist: un écologiste
sus'tainable de'velopment: le développement durable
re'newable 'energy: l'énergie renouvelable
'biofuel: les biocarburants
a 'wind 'turbine /'tɜ:baɪn/: une éolienne
a 'solar 'panel: un panneau solaire
'greenhouse 'gases: les gaz à effet de serre
to melt: fondre
the ice 'meltdown: la fonte des glaces
the sea 'level: le niveau des mers
'nuclear waste: les déchets nucléaires
an oil spill: une marée noire
defores'tation: la déforestation
to re'forest: reboiser
to chop down, to fell: abattre
to de'stroy: détruire
a 'species /'spi:ʃɪz/ : une espèce
en'dangered 'species /ɪn'deɪndʒəd 'spi:ʃɪz/: des espèces menacées
to 'threaten: menacer
to become* ex'tinct (animaux): disparaître
to disappear (général): disparaître

• There's a large wind farm near my house. I personally find wind turbines beautiful.
Il y a un grand parc éolien près de ma maison. Personnellement, je trouve les éoliennes belles.

• This firm has vowed to recycle all hazardous materials and to reduce waste.
Cette entreprise s'est engagée à recycler toutes les matières dangereuses et à réduire les déchets.

• Global warming is the increase in the temperature of the Earth as a result of the greenhouse effect.
Le réchauffement climatique, c'est l'augmentation de la température de la Terre due à l'effet de serre.

ZOOM

Can we preserve our environment?

Écoute ce document enregistré sur le site www.prepabac.com/media.

"This is the sad reality of our world. Look at this barge full of garbage. It is sailing past the Statue of Liberty. Pollution is everywhere, even in such a beautiful location. Can you imagine if the barge capsized?" "Who knows? Maybe the garbage is going to be recycled. A few decades ago, they would have dumped it into the river or the sea!" "Yes, but people didn't consume as much in the past. Why do we have to produce so much waste? I wish I could do more for the environment." "But you can, if you really want to. We all can!"

SE TESTER QUIZ

1 Choisis la proposition qui convient le mieux pour compléter chaque phrase.

1. Some species are endangered, and biodiversity is ...
a. ☐ extinct b. ☐ threatened c. ☐ a catastrophe

2. In Japan, there are a lot of ... that sometimes cause tsunamis.
a. ☐ volcano eruptions b. ☐ hurricanes c. ☐ earthquakes

3. ... includes wind and solar power.
a. ☐ Nuclear energy b. ☐ Waste separation c. ☐ Renewable energy

4. Due to ..., the temperatures on our planet Earth are higher and higher.
a. ☐ global warming b. ☐ sustainable development c. ☐ drought

5. In the mountains, you can often see ... with clear water.
a. ☐ hills b. ☐ lakes c. ☐ bushes

S'ENTRAÎNER

2 Remets les lettres dans l'ordre pour obtenir le mot qui correspond à chaque définition.

1. One of the highest is on the Niagara river. FLTALWREA
2. In summer, you can swim and sunbathe there. CAHEB
3. When it doesn't rain for months. DGUOTHR
4. A very very small river. TASMRE
5. Jamaica, Corsica or Malta for example. SNIDLA
6. A source of energy that has no limit. AWREELNBE

3 Traduis les mots suivants. À partir des cases jaunes, tu obtiendras le nom de deux États des États-Unis touchés par une sécheresse record en 2011.

1. **a.** de la roche : _ _ _ _
b. le paysage : _ _ _ _ _ _ _ _ _
c. un phare : _ _ _ _ _ _ _ _ _ _
d. l'écologie : _ _ _ _ _ _ _ _ _ _ _ _ _ _ _ _ _ _

1er État : _ _ _ _ _ _ _ _

2. a. la marée : _ _ _ _
b. éteint (pour une espèce) : _ _ _ _ _ _ _
c. les déchets : _ _ _ _ _

2e État : _ _ _ _ _

4 Place les mots de chaque paire au bon endroit dans la phrase.

1. Because of the ..., the ... rises. (sea level / ice meltdown)
2. ... is capital if we want to have a clean planet, with no excessive ... (pollution / recycling)
3. ... power is cleaner than ... power but it makes more noise and it's more visible. (wind / nuclear)
4. When it's too hot, it's called a ..., and when it rains too much, it's called a ... (flood / heat wave)
5. In the country, there are a lot of ... with cows and sheep, and in the ... there are plenty of wild animals. (fields / woods)

SE TESTER

1 1. **b.** threatened 2. **c.** earthquakes 3. **c.** renewable energy 4. **a.** global warming 5. **b.** lakes

S'ENTRAÎNER

2 1. waterfall 2. beach 3. drought 4. stream 5. island 6. renewable

3 1. **a.** rock **b.** landscape **c.** lighthouse **d.** environmentalism
2. **a.** tide **b.** extinct **c.** waste
Les deux États sont l'Oklahoma et le Texas.

4 1. Because of the ice meltdown, the sea level rises.
2. Recycling is capital if we want to have a clean planet, with no excessive pollution.
3. Wind power is cleaner than nuclear power but it makes more noise and it's more visible.
4. When it's too hot, it's called a heat wave, and when it rains too much, it's called a flood.
5. In the country, there are a lot of fields with cows and sheep, and in the woods there are plenty of wild animals.

CHAPITRE

20 Les transports, les voyages

"I can recommend some very nice hotels in Spain where you can have a real English breakfast." "Well, if there's one thing I hate it's feeling at home when I'm abroad."

« Je peux recommander de bons hôtels en Espagne où on peut manger un vrai petit déjeuner anglais. – Eh bien, s'il y a bien une chose que je déteste, c'est me sentir chez moi quand je suis à l'étranger. »

A Means of transport (les moyens de transport)

a car, an 'automobile /ˈɔːtəməʊbiːl/ (US): une voiture
a bus: un bus
a coach (GB), a bus (US): un car
a road: une route
a 'motorway (GB), a 'freeway (US): une autoroute
a boat, a ship: un bateau
a 'harbour / a port: un port
the (London) 'Underground / the Tube: le métro de Londres
the (New york City) 'Subway: le métro de New York
the 'metro: le métro à Paris, Shanghai, etc.
a line: une ligne [de métro, de bus]
a (train) 'station: une gare
a map: une carte
a 'ticket ma'chine: un distributeurs de tickets
a single 'ticket (GB), a one-way ticket (US): un aller simple
a re'turn 'ticket (GB), a round trip (US): un aller-retour
a plane, an 'aircraft (pl. inv.): un avion
to 'travel by plane, by train: voyager en avion, en train
to take* off: décoller
to land: atterrir
to fly*: voler
the flight /flaɪt/: le vol
an 'airport: un aéroport
to get* on a bus, an 'aircraft, a boat: monter dans un bus, un avion, un bateau
to get off a bus, an aircraft, a boat: descendre d'un bus, d'un avion, d'un bateau
a de'lay: un retard
on time: à l'heure
a seat: un siège
a 'passenger /ˈpæsndʒə/: un passager
'cancelled: annulé
over'crowded: bondé

• Long delays are expected on the motorway because of two accidents.
On s'attend à des retards importants sur l'autoroute à cause de deux accidents.

• I love the London Underground, except when it is overcrowded. Do you know that it was the first metro system ever built in the world?
J'adore le métro de Londres, sauf quand il est bondé. Est-ce que tu sais que c'est le premier réseau de métro jamais construit au monde ?

B Travelling (les voyages)

to 'travel: voyager
to go* on 'holiday (GB) / on va'cation (US): partir en vacances
a 'holidaymaker (GB), a va'cationer (US): un vacancier
to go a'broad: aller à l'étranger
the 'customs: la douane
a 'customs 'officer: un douanier
a 'border: une frontière
a 'passport: un passeport
a 'visa: un visa
'jetlag: le décalage horaire
to be 'jetlagged: souffrir du décalage horaire
a time zone: un fuseau horaire
accommo'dation: l'hébergement
to stay in a ho'tel: séjourner dans un hôtel
a 'campsite: un terrain de camping
a tent: une tente
a souve'nir /suːvəˈnɪə/: un souvenir [objet]
a 'memory: un souvenir
a youth 'hostel: une auberge de jeunesse
a bed and 'breakfast, a B & B: une chambre d'hôte
a 'guesthouse: une pension de famille
a stay: un séjour
a 'seaside re'sort: une station balnéaire
a ski resort: une station de ski
to pack: faire ses bagages
the sights: les attractions touristiques
to go* on a trip: partir en voyage
to stay in a 'foreign 'country /fɒrən 'kʌntri/: séjourner dans un pays étranger
'luggage /lʌgɪdʒ/ (indén.), 'baggage (indén.): les bagages
to un'pack: défaire ses bagages
to go* 'sightseeing: faire du tourisme

• We spent a week in London looking at all the sights. I love travelling and seeing new places. Each time I buy souvenirs to remind me of my stay.
On a passé une semaine à Londres à visiter les attractions touristiques. J'adore voyager et voir de nouveaux endroits. À chaque fois, j'achète des souvenirs pour me rappeler mon séjour.

• If only we could travel without having to pack and unpack. How I hate carrying luggage!
Si seulement on pouvait voyager sans avoir à faire et défaire ses bagages. Je déteste transporter des bagages !

C Countries and continents (les pays et les continents)

'Africa: l'Afrique
'Asia /ˈeɪʒə/: l'Asie
Oce'ania /əʊʃɪˈeɪnɪə/: l'Océanie
A'merica: l'Amérique
'Europe /jʊərəp/: l'Europe
Mo'rocco: le Maroc
'Senegal: le Sénégal
Argen'tina: l'Argentine
'Canada: le Canada
The U'nited States (of America): les États-Unis (d'Amérique)
Ja'pan: le Japon
'Belgium: la Belgique
France: la France
'Ireland: l'Irlande
'Scotland: l'Écosse
Wales: le pays de Galles
New 'Zealand: la Nouvelle-Zélande
Al'geria: l'Algérie
Ni'geria: le Nigéria
South 'Africa: l'Afrique du Sud
Bra'zil: le Brésil
'Mexico: le Mexique
'China: la Chine
'India: l'Inde
Viet'nam: le Vietnam
'England: l'Angleterre
'Germany: l'Allemagne
'Italy: l'Italie
Spain: l'Espagne
Aus'tralia: l'Australie
Poly'nesia /pɒlɪˈniːzɪə/: la Polynésie

an African (the Africans): un(e) Africain(e)
an American (the Americans): un(e) Américain(e)
an Australian (the Australians): un(e) Australien(ne)
a Canadian (the Canadians):un(e) Canadien(ne)
a German (the Germans): un(e) Allemand(e)
a Portuguese (the Portuguese): un(e) Portugais(e)
a Chinese (the Chinese): un(e) Chinois(e)
a Frenchwoman/man (the French): un(e) Français(e)
an Englishwoman/man (the English): un(e) Anglais(e)
a Scot (the Scots): un(e) Écossais(e)
an Irishwoman/man (the Irish): un(e) Irlandais(e)
a Welshwoman/man (the Welsh): un(e) Gallois(e)
a British person (the British): un(e) Britannique

• The United States is the largest English-speaking country in the world, followed by India, the Philippines, Nigeria and the United Kingdom.
Les États-Unis sont le plus grand pays anglophone du monde, suivi par l'Inde, les Philippines, le Nigéria et le Royaume-Uni.

• In India, English is mainly used as a second language, not as a mother tongue.
En Inde, l'anglais est utilisé principalement comme langue seconde, non comme langue maternelle.

zOOM

Transports

Écoute ce document enregistré sur le site www.prepabac.com/media.

This freeway interchange in Los Angeles is my vision of hell on earth. You've got cars driving in all directions. It must be even worse during rush hour, when all the vehicles are driving bumper to bumper. I prefer travelling by bus or by train. You buy your tickets, take a seat and then you can read or play with a tablet. You can even talk to the other passengers. There's nothing like public transport, except when your train is overcrowded or cancelled...

SE TESTER QUIZ

1 Choisis parmi les propositions la meilleure traduction.

1. J'ai séjourné en Italie l'été dernier.
Last summer, I …
a. ☐ stayed in Italy. **b.** ☐ remained in Italy. **c.** ☐ was a holidaymaker in Italy.

2. J'ai acheté un souvenir à Londres : un drapeau anglais !
I bought … in London: an English flag!
a. ☐ a memory **b.** ☐ a souvenir **c.** ☐ a stay

3. J'ai fait mes valises.
a. ☐ I've unpacked. **b.** ☐ I've packed my luggage. **c.** ☐ I've made my luggage.

4. Je pars en vacances tous les étés.
… every summer.
a. ☐ I go on holiday **b.** ☐ I go to a resort **c.** ☐ I go on a trip

5. Je suis à la gare d'Oxford et je veux un aller-retour pour Londres.
I'm at Oxford station and …
a. ☐ I want a round trip to London. **b.** ☐ I want a single-return to London.
c. ☐ I want a return ticket to London.

S'ENTRAÎNER

2 Relie chaque moyen de transport aux mots auxquels tu peux l'associer.

	• a map
1. a plane	• a flight
	• a motorway
2. a car	• to land
	• a ticket
3. a boat	• an airport
	• a line
4. a train	• a harbour
	• a seat

3 **Choisis parmi les propositions suivantes celle qui convient.**

1. You can buy a ticket after you've ... (got on / got off / taken) the bus.
2. Oh no! The flight has ... (taken off / been cancelled / gone on holiday).
3. I was born in Spain, so Spanish is my ... (native tongue / foreign language / mother tongue).
4. In Paris, the ... (train / underground / car) is called the "Métro".
5. Between 8 a.m. and 9 a.m., trains are often ... (delayed / cancelled / overcrowded).

4 **Les indices sont en français : tu dois trouver les noms des pays en anglais. Les lettres signalées en jaune te donneront le nom d'une capitale.**

1. Taj Mahal, curry, nans _ _ _ _ _
2. kangourous, kiwis, Uluru, crocodiles _ _ _ _ _ _ _ _ _
3. Pain de Sucre, portugais, Amazonie, Rio _ _ _ _ _ _
4. vert, bière, harpe, leprechauns, Connemara _ _ _ _ _ _ _
5. paella, fiesta, corrida _ _ _ _ _
6. choucroute, bière, Forêt Noire _ _ _ _ _ _ _

Nom de la capitale : _ _ _ _ _ _

SE TESTER

1 1. **a.** stayed in Italy 2. **b.** a souvenir 3. **b.** I've packed my luggage. 4. **a.** I go on holiday 5. **c.** I want a return ticket to London. (Londres étant en Angleterre, ne pas choisir **a.** qui est de l'anglais américain !)

S'ENTRAÎNER

2 1. a plane: a flight ; to land ; a ticket ; an airport ; a seat
2. a car: a map ; a motorway; a seat
3. a boat: a ticket ; a harbour ; a seat
4. a train: a ticket ; a seat

3 1. You can buy a ticket after you've **got on** the bus.
2. Oh no! The flight has **been cancelled**.
3. I was born in Spain, so Spanish is my **mother tongue**.
4. In Paris, the **underground** is called the "Metro".
5. Between 8 a.m. and 9 a.m., trains are often **overcrowded**.

4 1. India 2. Australia 3. Brazil 4. Ireland 5. Spain 6. Germany
Nom de la capitale : ***Dublin*** *(capitale de l'Irlande)*

Vers le Brevet (DNB)

CHAPITRE

21 Écouter et comprendre

Au niveau A2, tu es capable de comprendre un vocabulaire usuel portant sur ta vie quotidienne, ta famille ou toi-même. Au niveau B1, tu peux comprendre une information concrète sur un sujet simple ou qui t'est familier, énoncée par un locuteur ayant une élocution limpide.

I Ce qu'on attend de toi

A Au niveau A2

Tu es capable de comprendre :

- des consignes simples ;
- des instructions succinctes pour te rendre d'un point à un autre ;
- les réponses que l'on apporte à tes questions (besoins concrets) ;
- une annonce publicitaire ;
- les informations qu'une personne donne sur elle-même (travail, famille, conditions de vie, environnement, etc.) ;
- de quoi parlent deux anglophones qui parlent lentement.

B Au niveau B1

Tu peux comprendre :

- l'exposé de faits dans un domaine qui t'est familier - vie quotidienne, école, loisirs -, en distinguant idée générale et points de détail ;
- un court récit ;
- un bulletin d'information si le débit est assez lent ;
- une conversation entre locuteurs natifs, sur des sujets familiers, si la prononciation est standard.

II Comment te préparer?

Écoute les CD qui accompagnent ton manuel, aussi bien que des émissions de radio, des podcasts sur Internet ou encore des DVD en anglais **sous-titrés en anglais**. Tu augmenteras ainsi ton bagage lexical et tu développeras des stratégies pour mieux comprendre.

A Apprends à reconnaître les mots clés

- Ne te laisse pas déstabiliser si tu ne comprends pas tout : c'est normal. Concentre-toi sur les **mots clés**, ceux qui sont porteurs de sens. Efforce-toi de repérer l'intention du locuteur.
- Connaître le **vocabulaire de base** est essentiel pour suivre les conversations de la vie courante. Assure-toi que tu le maîtrises (→ p.136-178).
- Beaucoup de mots sont **transparents** à l'écrit. Mais non à l'oral. Exemples : *the cinema* (le cinéma) ; *the theatre* (le théâtre). Tu dois donc connaître leur prononciation.

B Repère les formes grammaticales au fil de l'énoncé

- Certaines formes grammaticales (auxiliaires, déterminants…) sont à peine prononcées à l'oral et sont donc peu perceptibles. Appuie-toi sur le contexte pour anticiper la présence de ces **petits mots**, indispensables à la compréhension de l'idée générale.
- Une phrase comporte généralement un **verbe conjugué**. Cherche si ce verbe fonctionne avec un auxiliaire. Entends-tu : ***'ll*** (*will* contracté) ? ***'s*** (*is* ou *has* contracté) ? Compare :

  I watch TV when I'm on holiday.

  Je regarde la télé quand je suis en vacances.

  I'll watch TV when I'm on holiday.

  Je regarderai la télé quand je serai en vacances.

- Fais particulièrement attention à la présence ou non de la **négation** : quand *not* est contracté, il peut être presque imperceptible, et pourtant, sa présence change tout ! Compare :

  J.K. Rowling is a great author.

  J.K. Rowling isn't a great author.

Comprendre une conversation simple

LA DÉMARCHE

S'appuyer sur le contexte sonore

Pose-toi les questions suivantes : quelle est la source du document (émission de radio, film...) ? Quelle est sa nature (dialogue, interview...) ? Combien de personnes parlent ? Sur quel ton (familier ou distant, fâché ou joyeux...) ? Où se passe la scène ?

Repérer les mots clés et les formes grammaticales

Essaie de percevoir les éléments porteurs de sens, c'est-à-dire les mots clés mais aussi : auxiliaires, temps des verbes, marques du pluriel, *-s* du présent à la 3e personne du singulier, négation, formes contractées...

L'EXEMPLE COMMENTÉ

« *My cousin* » : écoute ce document sur le site www.prepabac.com/media.

S'appuyer sur le contexte sonore

• Le titre donné dans la consigne te permet d'anticiper qu'il sera question d'un(e) cousin(e). Tu t'attendras à entendre /'kʌzn/.

• Tu entends deux voix donc deux personnes. Le ton est informel. Il s'agit d'une conversation familière.

Repérer les mots clés et les formes grammaticales

• Il est question d'une tierce personne, le (la) cousin(e) d'un des deux locuteurs. Pour savoir si c'est un homme ou une femme, repère les pronoms qui s'y rapportent : pronoms complément *him* et sujet *he*.

• Tu reconnais des mots du vocabulaire de base : transports *(airport, arrive, plane)*, portrait *(brown eyes, red hair, how old)*, lien familial *(cousin, mother)*...

• Dans l'avant-dernière réplique, tu as noté *plenty in common, get on well*. Le repérage des prépositions ou particules est essentiel à la compréhension : *get* a beaucoup de sens différents, mais *get **on*** veut dire « bien s'entendre » ; *common* peut signifier « banal », mais ***in** common* veut dire « en commun ».

• Dans les deux premières répliques, les verbes ont la terminaison *-ed* du prétérit (*fetch<u>ed</u>* /t/, *arriv<u>ed</u>* /d/) et tu entends *was* (*be* au prétérit). Associés à *yesterday* et aux mots clés que tu as listés, tu déduis que l'on parle de quelque chose qui s'est produit hier.

Comprendre un long message oral

LA DÉMARCHE

Anticiper

Les informations écrites qui te sont communiquées (consigne, titre…) te donnent des indications sur le thème du document et, donc, sur le vocabulaire que tu es susceptible d'entendre.

Repérer les mots clés et les formes grammaticales

Les mots clés sont souvent ceux qui se détachent parce qu'ils sont plus accentués. Ils sont *a priori* en rapport avec un thème étudié en classe. Sois également attentif aux formes grammaticales (→ p. 182).

Respecter le sens global

Il t'arrivera de reconnaître un mot qui ne fait pas sens dans le contexte. Demande-toi alors ce qui devrait être dit à ce moment précis au vu de ce qui s'est dit juste avant et de ce qui se dit après : cela t'aidera à retrouver les mots réellement prononcés. Appuie-toi aussi sur l'analyse du mot (racine, suffixe, préfixe…).

L'EXEMPLE COMMENTÉ

« *Back from Scotland* » : écoute cette interview sur le site www.prepabac.com/media.

Anticiper

Le titre t'indique qu'il va être question d'un voyage en Écosse. Tu peux t'attendre à entendre des termes géographiques.

Repérer les mots clés et les formes grammaticales

- En particulier : des noms relatifs au pays visité *(Edinburgh, history, capital…)*, des mots liés au voyage et au paysage *(valley, plateau, adventure, isolated)*, des adjectifs positifs *(fantastic, interesting, memorable)*.
- Tu noteras une occurrence de reprise de l'auxiliaire *(I **did** = I visited…)* se référant à la phrase qui précède *(You may wonder if I visited…)*.

Respecter le sens global

- Un mot clé que tu ignores peut-être est *backpacking*. À sa première apparition, il est associé à *trip* : tu feras l'hypothèse que c'est une façon de voyager. Plus loin, le voyageur en fournit une définition (*carry all the basics with me* – et si tu ignores *basics*, le mot est défini à la suite : *my sleeping bag, my tent, food*). *Backpacking* signifie donc… « voyager avec un sac à dos ».
- Procède de même pour *underground* et *haunted* (fin du document).

Les documents sonores figurent sur le site www.prepabac.com/media.

S'ENTRAÎNER

1 Avant d'écouter le document, observe l'illustration et réponds aux questions.

1. D'après la photo, quel sera le sujet du document sonore ?
2. Que sais-tu sur ce film ?
3. Connais-tu d'autres personnages du film ? Les noms des acteurs qui les ont incarnés ?
4. Entoure les mots qui ont des chances de figurer dans l'enregistrement :

a. *character* **b.** *beach* **c.** *Dumbledore* **d.** *computer*
e. *book* **f.** *military* **g.** *wizard* **h.** *hero.*

2 Écoute le document en entier. Puis, lis les questions auxquelles tu dois répondre avant de l'écouter une deuxième fois.

1. Combien de personnes parlent ?
2. S'agit-il de garçon(s) ? De fille(s) ? Entends-tu leurs prénoms ?
3. Quel est le ton de la discussion (formelle, informelle, enjouée, sérieuse, etc.) ?
4. Parmi les mots de l'exercice 1, lesquels sont effectivement prononcés ?
5. Reconnais-tu au fil de la conversation des noms de personnages ou d'acteurs ?
6. Un film en particulier est cité. Lequel ?
7. Deux personnages d'autres films ou livres sont mentionnés. Lesquels ?
8. À quel personnage du film qui nous intéresse sont-ils comparés ?
9. Note le nom des personnages et le nom des acteurs et relève en regard les adjectifs qui les caractérisent.

3 Maintenant, entoure la ou les propositions qui conviennent pour compléter chaque phrase.

1. This document is...
a. a conversation. **b.** an extract from a film. **c.** an interview.
2. They are talking about...
a. books. **b.** films. **c.** magazines.
3. When he was young, Greg preferred...
a. Albus Dumbledore. **b.** Harry Potter. **c.** Lord Voldemort.

4. He liked this character because he found him/her…
a. courageous. **b.** creative. **c.** heroic.
5. Now, he prefers…
a. Albus Dumbledore. **b.** Harry Potter. **c.** Ron Weasley.
6. This character makes him think of…
a. Merlin. **b.** Frodo. **c.** Gandalf.
7. Hannah prefers…
a. Albus Dumbledore. **b.** Harry Potter. **c.** Hermione Granger.
8. She likes this character because she finds him/her…
a. pretty. **b.** interesting. **c.** intelligent.
9. She finds another character very interesting. Which one?
a. Lord Voldemort. **b.** Albus Dumbledore. **c.** Severus Snape.
10. Which actor plays his part?
a. Liam Neeson. **b.** Edward Norton. **c.** Ralph Fiennes.

OBJECTIF BREVET

Je suis capable d'identifier le sujet d'une discussion. (A2)
Je suis capable de noter des données chiffrées. (A2)
Je suis capable de suivre des indications d'itinéraire. (A2)
Je suis capable de comprendre des informations simples sur un sujet familier. (B1)

4 Écoute le document intitulé *The Harry Potter Tour*. Puis, lis les phrases que tu dois compléter avant de l'écouter une deuxième fois.

1. The town is…
a. New York. **b.** London. **c.** Edinburgh.
2. The person who is speaking is…
a. Australian. **b.** a banker. **c.** a guide.
3. The Tour will be about…
a. Jack the Ripper. **b.** Harry Potter. **c.** Australia. **d.** Shakespeare.
4. This character was born on…
a. the 13th of July. **b.** the 30th of July. **c.** the 31st of July.
5. The weather that day is…
a. probably sunny. **b.** probably rainy.
6. The number of books sold is…
a. 4 million. **b.** 40 million. **c.** 400 million. **d.** 4,000 million.

7. The guide also mentions...
a. the number of films adapted from the books. b. the 8th film made.
c. J.K. Rowling's apartment in London.
8. The departure point is... a. H. b. K. c. A. d. D.
9. From this point, describe the route taken, giving the letters you have to go past.
....
10. The arrival is... a. E. b. J. c. L. d. M.
11. This point corresponds to... *(2 answers)*
a. Australia House.
b. Westminster Abbey.
c. Cecil Court.
d. Madame Tussaud's.
e. The film location of Hogswarts.
f. the film location of Diagon Alley.
g. The film location of Gringotts Bank.
12. The people on the Tour...
a. are going to see this point.
b. aren't going to see this point.

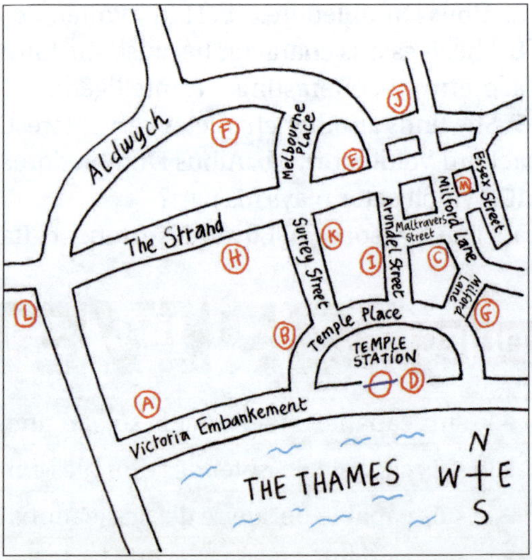

POUR T'AIDER

Go straight on / ahead! Va tout droit !
Turn right/left. Tourne à droite / à gauche.
Go down the street. Descends la rue.
Turn left into Field Street. Tourne à gauche dans Field Street.
Take the second street on the right. Prends la deuxième rue à droite.

S'ENTRAÎNER

1 1. L'histoire de Harry Potter.
2. Le film est adapté de livres écrits par J. K. Rowling. Le héros est un garçon qui entre à l'âge de onze ans dans la prestigieuse école de magie de Poudlard (Hogswarts en anglais).
3. Ron Weasley, Hermione Granger, Lord Voldemort, Albus Dumbledore... interprétés par Rupert Grint (Ron), Emma Watson (Hermione), Daniel Radcliffe (Harry)...
4. **a.** *character* **c.** *Dumbledore* **e.** *book* **g.** *wizard* **h.** *hero.*

2 1. 2. Deux personnes : un garçon, Greg, et une fille, Hannah.
3. Informelle, enjouée, conversation entre amis.
4. **a.** *character* **c.** *Dumbledore* **e.** *book* **g.** *wizard.*
5. Harry Potter (acteur : Daniel Radcliffe), Albus Dumbledore, Hermione Granger, Voldemort (acteur : Ralph Fiennes).
6. *Harry Potter and the Philosopher's Stone.*
7. Merlin and Gandalf, in *the Lord of the Rings (Le Seigneur des Anneaux).*
8. Albus Dumbledore.
9. Harry Potter (Daniel Radcliffe) → *courageous, heroic* ; Albus Dumbledore → *wise, clever* ; Hermione Granger → *interesting, intelligent, the best at wizardry, brilliant* ; Voldemort (Ralph Fiennes) → *fascinating, evil* ; Ron (pas d'adjectif ; une expression : *a real dunce*).

3 1. **a.** a conversation. 2. **b.** films. 3. **b.** Harry Potter. 4. **a.** courageous. **c.** heroic. 5. **a.** Albus Dumbledore. 6. **a.** Merlin **c.** Gandalf. 7. **c.** Hermione Granger. 8. **b.** interesting. **c.** intelligent. 9. **a.** Lord Voldemort. 10. **c.** Ralph Fiennes.

OBJECTIF BREVET

4 1. **b.** London (1 pt) 2. **c.** a guide (2 pts) 3. **b.** Harry Potter (1 pt) 4. **c.** the 31st of July (2 pts) 5. **b.** probably rainy (1 pt) 6. **c.** 400 million (2 pts) 7. **a.** the number of films adapted from the books (1 pt) 8. **d.** D (2 pts) 9. G, C, M (3 pts) 10. **a.** E (2 pts) 11. **a.** Australia House. **g.** The film location of Gringotts Bank (2 pts) 12. **a.** are going to see this point (1 pt).

Résultat : ... /20

CHAPITRE

22 Réagir et dialoguer

Au niveau A2, tu es capable de communiquer dans des situations simples de la vie courante et d'échanger sur des sujets familiers. Au niveau B1, tu peux donner ton avis ou apporter quelques informations sur un sujet abstrait ou culturel.

I Ce qu'on attend de toi

A Au niveau A2

- Tu es capable de poser des questions comme d'y répondre dans des situations de la vie courante :
  - te déplacer en transports en commun, chercher ton chemin en ville ;
  - effectuer des achats dans un magasin, un bureau de poste ;
  - commander un repas ;
  - convenir du programme de la soirée, du week-end.
- Tu peux entretenir une brève conversation avec un anglophone, soit :
  - utiliser les formules de politesse (dire bonjour et au revoir, demander à ton interlocuteur comment il va et préciser comment tu vas, remercier) ;
  - prier ton interlocuteur de répéter ;
  - faire ou accepter une offre, une invitation, des excuses ;
  - donner ton avis sur des questions simples (dire ce que tu aimes ou n'aimes pas, exprimer ton accord ou ton désaccord).

B Au niveau B1

- Tu peux prendre part à une conversation qui concerne la vie quotidienne, mais plus riche quant aux sujets abordés (éléments concrets et abstraits).
- Tu donnes ton opinion (sur un livre, un film) ou commentes celle de ton interlocuteur. Tu exprimes des sentiments tels que la joie, la tristesse, la surprise, la colère…
- Au cours d'un voyage, tu sais te débrouiller dans la plupart des situations et faire face aux événements courants.

II Comment te préparer?

A Fais des fiches

Regroupe un maximum d'**expressions utiles** à la conversation courante et classe-les par thème : employer les formules de politesse (saluer, remercier, s'excuser...) ; parler du temps qu'il fait ; exprimer son accord et son désaccord ; parler de ses goûts ; faire une offre ; inviter ; parler de la santé ; dire qu'on ne comprend pas ; exprimer la colère, la peur... C'est la variété des expressions que tu utiliseras qui valorisera ton expression orale.

N'oublie pas de lister les expressions qui te servent à demander à ton interlocuteur de répéter, de **reformuler**, de parler plus lentement ou de fournir des éclaircissements. Elles te seront fort utiles.

SI TU N'AS PAS COMPRIS

Can you repeat (that), please? / Could you say that again, please?
Pouvez-vous répéter, s'il vous plaît ?
I don't understand your question, could you rephrase it?
Je ne comprends pas votre question, pouvez-vous la reformuler ?
I beg your pardon?
Je vous demande pardon ?

B Applique les règles du dialogue

Quand tu poses une question, n'oublie pas l'**auxiliaire** (→ p. 106). Pense à utiliser les **schémas intonatifs** qui conviennent :

- question en ***wh-*** : intonation descendante

  Where do you live? ↘ Où habites-tu ?

- question commençant par un auxiliaire : intonation montante

  Shall we go to the cinema tonight? ↗ On va au cinéma ce soir ?

Au lieu de répondre aux questions par un mot, essaie de construire une **phrase complète**. Le temps utilisé dans la question t'indique le temps à utiliser dans ta réponse.

"How long have you practiced karate?
– I've practiced karate since 2010."

« Ça fait combien de temps que tu fais du karaté ?
– Je fais du karaté depuis 2010. »

Prendre part à une conversation simple

LA DÉMARCHE

Préparer sa prise de parole

• L'objet de la conversation t'est donné par la situation. Aussi, avant te lancer, prépare mentalement ce que tu vas dire. Efforce-toi de penser directement en anglais, tu feras moins d'erreurs.
• Il te faudra parfois épeler ton nom ou un mot (réservation, inscription…).
• Regarde la personne en face de toi : son attitude, ses gestes, ses mimiques te fournissent des indices sur ce qu'elle dit.

Écouter en utilisant les indices à sa disposition

Connaître l'objet de la conversation t'aide à en identifier les mots clés, à comprendre les phrases prévisibles de ton interlocuteur. Et donc à lui répondre correctement.

Faire des phrases simples en soignant son accent

• Utilise des phrases courtes. Soigne ton accent et veille à bien prononcer les formules de politesse.
• Fais attention au registre de langue : ce que l'on entend dans certaines chansons anglaises peut être très choquant dans une conversation courante avec un anglophone !

Adopter l'intonation anglaise

L'intonation est très marquée en anglais. Les anglophones n'hésitent pas à aller dans les graves ou les aigus. Ne crains pas d'être ridicule en reproduisant les intonations que tu entends dans les films en V.O. ou à la radio.

L'EXEMPLE COMMENTÉ

Tu t'appelles Antoine Martin et tu dois réserver une chambre pour une nuit (du 12 au 13 avril) au Temple Bar Hotel.

Préparer sa prise de parole

Note les informations qu'il te faudra donner (*booking date* : la date de réservation) ainsi que le vocabulaire utile (*to book* : réserver, *single room* : chambre pour une personne seule, etc.). Anticipe les questions que la réceptionniste risque de te poser (*How many nights? When do you want to come?*, etc.).

Écoute l'exemple donné sur le site www.prepabac.com/media. As-tu reconnu les questions et les mots clés que tu avais anticipés ?

Exprimer ses sentiments et réagir à des sentiments exprimés

LA DÉMARCHE

Mobiliser le vocabulaire des sentiments

• La colère (*anger*) : *furious* (furieux), *it gets on my nerves* (ça m'énerve).
• La déception (*disappointment*) : *it's such a pity* (quel dommage).
• Le regret (*regret*) : *I apologise for V+ing* (je m'excuse de).
• L'inquiétude, la peur (*fear*) : *apprehensive/worried about* (inquiet), *it gives me the creeps* (ça me donne la chair de poule).

Réagir aux sentiments exprimés

• Tu peux exprimer ton accord ou ton désaccord : *I agree with...* (Je suis d'accord avec), *I disagree about...* (Je ne suis pas d'accord au sujet de), *I disapprove of...* (Je désapprouve), *I grant you that...* (Je t'accorde que).

• Les propos de ton interlocuteur peuvent aussi susciter ton empathie (*I'm so sorry for...* je suis désolé(e)), ton indifférence (*it doesn't matter*, ça n'a pas d'importance ; *I don't care*, ça m'est égal).
• N'oublie pas de recourir aux tags et aux variations d'intonation :
– *We visited Calcutta last year.*
– *Did you?* ↗ (intérêt) *Did you?* ↘ (scepticisme)
• Emploie les interjections courantes :
Wow! (admiration)
What a shame! (désapprobation)
Oh my God! (stupéfaction)
What a relief! / Thank God! (soulagement)
Are you kidding/joking? (incrédulité)

L'EXEMPLE COMMENTÉ

Tu assistes à une discussion sur le film The Shining, *un thriller. Comment y prendrais-tu part ?*

Mobiliser le vocabulaire des sentiments

Il s'agit d'un thriller, donc attends-toi à entendre des expressions liées à la peur, ou d'autres réactions fortes. La personne qui a vu le film va donner son opinion, encourager ou non à aller le voir.

Réagir aux sentiments exprimés

L'autre personne va sans doute dire si elle a vu ou non ce film, et si elle aime ou non ce genre de film.

Écoute l'exemple donné sur le site www.prepabac.com/media. As-tu reconnu les mots clés, questions et réactions que tu avais anticipés ?

Les documents sonores figurent sur le site www.prepabac.com/media.

S'ENTRAÎNER

1 Coche la ou les répliques appropriées.

1. Thank you ever so much!
a. ☐ Don't mention it. b. ☐ God bless you!
c. ☐ Goodbye. d. ☐ You're welcome.

2. Good morning!
a. ☐ Morning! b. ☐ Good morning!
c. ☐ Bye! d. ☐ Good day!

3. I'm off now!
a. ☐ Good night. b. ☐ Ok, see you later.
c. ☐ Hello! d. ☐ How do you do?

4. Let me introduce you to Tom Webster.
a. ☐ Enchanted. b. ☐ Pleased to meet you.
c. ☐ Happy to meet him. d. ☐ Not now, please.

5. How are you?
a. ☐ I'm fine. b. ☐ Blonde, with blue eyes.
c. ☐ So-so. d. ☐ Not so much.

2 Pour chaque situation, entoure la ou les phrases appropriées.

1. Tu as par erreur ouvert un courrier personnel. Que peux-tu dire pour t'excuser en allant remettre la lettre à son vrai destinataire ?
a. I'm really sorry. **b.** I apologise. **c.** I know this is a personal letter.

2. Tu fais des propositions d'activités à un ami pour le week-end.
a. Shall we go to the cinema on Sunday? **b.** We may visit a museum.
c. How about spending Saturday afternoon in Paris? **d.** We will go to the ice rink.

3. Tu croises dans la rue une personne qui parle anglais et cherche son chemin, mais tu n'as pas bien compris où elle voulait aller.
a. Repeat the street, please. **b.** I didn't quite catch where you want to go.
c. I am lost. **d.** Rephrase your sentence, please.

4. Ce soir un ami veut visionner un film d'horreur mais tu as… horreur de ça !
a. No, I beg your pardon! **b.** Thanks. **c.** I mustn't do it.
d. No way! **e.** Err… We could watch a love story instead!

5. Tu vas régler un achat à la caisse d'un magasin d'Oxford Street. Tu présentes l'article et tu dis :
a. How much is it? **b.** How many money is it? **c.** What is the price?

6. Tu es à la gare de Cambridge et tu cherches sur quel quai est ton train pour King's Cross.
a. Where is the train to Cambridge? **b.** On which platform is the train from King's Cross? **c.** On which platform is the train to King's Cross?

7. Tu es au restaurant et le serveur vient prendre ta commande. Tu dis :
a. I have selected the pasta alla bolognese. **b.** I want the pizza margherita.
c. I would like lasagna.

8. À la gare de Tonbridge, tu veux l'horaire du prochain train pour Londres.
a. When is the next train to London? **b.** What time is the last train for London?
c. What is the time of the train from London?

3 Voici Andy. Pour chaque information que tu aimerais avoir à son sujet, entoure la question que tu lui poserais.

1. Pour connaître son nom de famille :
a. What's your first name?
b. What's your surname?
c. What's your family name?

2. Pour connaître son âge :
a. What's his age?
b. How are you?
c. How old are you?

3. Pour savoir comment il va :
a. Where do you go?
b. How are you?
c. How do you do?

4. Pour savoir où il vit :
a. Where do they live?
b. Where do you live?
c. Who do you live?

5. Pour savoir où il est né :
a. When were we born?
b. When were you born?
c. Where were you born?

6. Pour savoir combien il a de frères :
a. How many brothers have you got?
b. How many brothers did you have?
c. How many sisters have you got?

Andy Warhole

Age: 16

Address: 15, Liverpool St. Manchester, UK.

Phone no: 0548 666 154

Birthplace: London

Hobbies: football, rollerblading

One brother and... one dog.

4 Que peux-tu dire dans les situations suivantes pour exprimer le sentiment indiqué ? Entoure la réplique appropriée.

1. I would love to visit the USA!
(intérêt) **a.** Oh, would you? **b.** Me, never! **c.** What a pity!
2. She has run the marathon in New York.
(incrédulité) **a.** Oh, did she. **b.** Oh, did she? **c.** Indeed…
3. She practices bungee-jumping.
(admiration) **a.** Of course! **b.** I would never do that. **c.** Wow, how impressive!
4. I love the way Britney Spears sings!
(approbation) **a.** I don't. **b.** I couldn't agree more! **c.** What a shame!

5 Andy et Nelly discutent. Écoute leur conversation et entoure à chaque fois la réplique d'Andy qui convient parmi les 3 proposées (a, b ou c).

NELLY – Hey! Hi!
ANDY – **a.** **b.** **c.**
NELLY – How are you?
ANDY – **a.** **b.** **c.**
NELLY – What's your phone number?
ANDY – **a.** **b.**
NELLY – Where were you born?
ANDY – **a.** **b.** **c.**
NELLY – What's your favourite sport?
ANDY – **a.** **b.** **c.**
NELLY – Do you like dancing?
ANDY – **a.** **b.** **c.**
NELLY – Have you got pets?
ANDY – **a.** **b.** **c.**
NELLY – Where do you live?
ANDY – **a.** **b.** **c.**
NELLY – How old are you?
ANDY – **a.** **b.** **c.**
NELLY – We could go to the cinema together tonight.
ANDY – **a.** **b.** **c.**

OBJECTIF BREVET

▸ Je suis capable de communiquer des informations simples sur des sujets familiers. (A2)
▸ Je suis capable d'exprimer mes opinions, mon accord ou mon désaccord. (B1)

6 Tu vas entendre une série de dix questions personnelles qui te sont adressées. Réponds-y par une phrase complète.

S'ENTRAÎNER

1 **1. a.** Don't mention it. **d.** You're welcome. **2. a.** Morning! **b.** Good morning! **3. a.** Good night. **b.** Ok, see you later. **4. b.** Pleased to meet you. **5. a.** I'm fine. **c.** So-so.

2 **1. a.** I'm really sorry. **2. a.** Shall we go to the cinema on Sunday? **c.** How about spending Saturday afternoon in Paris? **3. b.** I didn't quite catch where you want to go. **4. d.** No way! **e.** Err... We could watch a love story instead! **5. a.** How much is it? **6. c.** On which platform is the train to King's Cross? **7. c.** I would like lasagna. **8. a.** When is the next train to London?

3 **1. b.** What's your surname? **c.** What's your family name? **2. c.** How old are you? **3. b.** How are you? **4. b.** Where do you live? **5. c.** Where were you born? **6. a.** How many brothers have you got?

4 **1. a. 2. a.** *et* **c. 3. c. 4. b.**

5 NELLY – Hey ! Hi!
ANDY – **a.** Hello!
NELLY – How are you?
ANDY – **a.** Fine, and you?
NELLY – What's your phone number?
ANDY – **a.** Oh five four eight six six six one five four.
NELLY – Where were you born?
ANDY – **c.** I was born in London.
NELLY – What's your favourite sport?

ANDY – **a.** I love playing football.
NELLY – Do you like dancing?
ANDY – **b.** Not really…
NELLY – Have you got pets?
ANDY – **b.** Yes, I have.
NELLY – Where do you live?
ANDY – **a.** I've lived in Manchester for 10 years.
NELLY – How old are you?
ANDY – **b.** I'm 16.
NELLY – We could go to the cinema together, tonight.
ANDY – **c.** Yes, I'd love it.

OBJECTIF BREVET

6 **1.** *My (first) name is* (+ prénom). **2.** *My (family) name is* (+ nom de famille). **3.** *I live in* (+ nom de la ville où tu habites). **4.** *I've lived there for* (+ nombre d'années que tu habites là) / *since I was born* (si tu y vis depuis ta naissance). **5.** *It is located in France* (ou le nom du pays où tu vis). **6.** *I do / play* (+ nom du sport que tu pratiques). **7.** *I've done it for* (+ nombre d'années) / *since* (+ année où tu as commencé). **8.** *Yes, I'd love to go! / No, I wouldn't.* **9.** *I (totally) agree with you. No, I disagree / don't agree (with you). I grant you that…* **10.** *I (totally) agree with you. No, I disagree / don't agree (with you). I wonder if…*

Tu compteras 1 point si tu as donné l'information pertinente (en français, entre parenthèses), 2 points si tu l'as formulée sous la forme d'une phrase complète.

Résultat: … /20

Écoute le corrigé proposé sur le site www.prepabac.com/media.

CHAPITRE

23 Parler en continu

Au niveau A2, tu es capable de décrire en termes simples une personne, tes conditions de vie, tes activités. Au niveau B1, tu peux raconter un événement, une anecdote ou un film, mais aussi donner ton opinion personnelle en l'argumentant.

I Ce qu'on attend de toi

A Au niveau A2

Tu peux :
- raconter une histoire en énumérant une suite d'événements ;
- décrire des personnes, des lieux ;
- rapporter une expérience ou une scène dont tu as été le témoin ;
- exprimer tes goûts ;
- parler de tes projets et de tes habitudes ;
- faire un bref exposé, que tu auras préparé, sur un sujet familier.

B Au niveau B1

Ton exposé est plus complexe. Tu sais également :
- parler de tes rêves, de tes objectifs ;
- expliquer les raisons de tes choix, de tes opinions ;
- formuler des hypothèses ;
- résumer l'intrigue d'un livre ou d'un film (à partir de quelques notes) ;
- parler de façon intelligible, et répondre aux questions qui suivent ta prise de parole.

II Comment te préparer?

A Munis-toi d'un bagage lexical

Tu trouveras dans cet ouvrage un vocabulaire de base classé par thèmes (→ p. 136 à 178). Mais sois **curieux** et demandes-toi si tu sais nommer en anglais les objets qui t'entourent. Si tu joues d'un instrument, sais-tu dire « partition » ? Si tu fais du foot, sais-tu dire « marquer un but » ?

- Apprends des expressions qui te serviront à **présenter** et **décrire** les documents, notamment **iconographiques** :

> In the foreground /In the background Au premier plan /À l'arrière-plan.
> At the top /At the bottom En haut /En bas.
> On the right /On the left À droite /À gauche.
> There is /There are /We can see Il y a.

B Maîtrise les temps et leur emploi

- Pour parler de tes habitudes, décrire des objets ou raconter un film, utilise le **présent simple**, ainsi que le ***present perfect*** (→ p. 20).

  At that moment, the main character realises that his wife has disappeared.
  À ce moment-là, le personnage principal s'aperçoit que sa femme a disparu.

- Pour raconter une histoire ou un événement qui a déjà eu lieu, ou parler de ton expérience, utilise le **prétérit** (temps du récit) (→ p. 18).

  I was walking in the street when suddenly I heard tyres squealing.
  Je marchais dans la rue quand soudain j'ai entendu un crissement de pneus.

- Pour parler de tes projets, utilise le **futur** *(I will,* certitude*)* et le **conditionnel** *(I'd like to,* souhait*)* (→ p. 28 et 30).

  In the future, I'd like to be an astronaut.
  Plus tard, j'aimerais être astronaute. (-ais : conditionnel.)
  When I have the baccalaureate, I will study law at university.
  Quand j'aurai mon bac, j'étudierai le droit à l'université. (-ai : futur.)

C Mémorise des mots de liaison

Ces mots te serviront à enchaîner les idées.

because: parce que	as: comme
because of: à cause de (+ nom)	moreover: de plus
thanks to: grâce à	however: cependant
due to /owing to: dû à/ en raison de	to begin with: pour commencer
since: puisque	to conclude: pour conclure
that's why: c'est pourquoi	even if: même si
for: car	therefore: par conséquent.

D Exerce-toi

Fais des **exposés en classe**, parle tout haut dans ta chambre ou **dialogue** avec des amis sur un sujet ou un autre : ton sport préféré, ton chanteur préféré... En anglais, que saurais-tu dire sur tous ces sujets ? S'il te manque un mot, cherche-le dans un dictionnaire.

Présenter et décrire un document à l'oral

LA DÉMARCHE

Préparer son exposé

Dans le cas d'un document iconographique, analyse sa composition et fais des hypothèses sur ce qui a pu se produire avant ou après la scène représentée. Rassemble le vocabulaire utile. Prépare bien tes premières phrases.

Soigner sa prise de parole

- Parle distinctement, en regardant ton auditoire. Fais attention à bien prononcer les sons voyelles longs ou courts et à marquer l'intonation descendante des phrases affirmatives. Corrige-toi si tu fais une faute.
- Si un mot te manque, essaie de trouver un synonyme ou une tournure équivalente. Si tu as préparé des notes, évite de les lire.

L'EXEMPLE COMMENTÉ

Présente et décris le document ci-dessous.

Préparer son exposé

- Tu pourrais commencer ainsi : *This document is a film poster advertising the release of a science fiction film entitled* Rise of the Planet of the Apes.
- Analyse les trois visages : comment sont-ils disposés ? Quelle émotion expriment-ils ? Que se passe-t-il en bas de l'image ? Quelles couleurs sont utilisées et quel est l'effet produit ?
- Parle du film si tu le connais (présent pour ta description, prétérit pour dire quand tu es allé(e) le voir et ce que tu as ressenti).

Soigner sa prise de parole

- Les mots qui te seront utiles ne sont pas difficiles à retrouver : *human, science* \aɪ\ *fiction, a genre, a helicopter, war* (guerre), les verbes irréguliers *fly* et *fight*.
- Pour dire « singe », tu peux utiliser *monkey*, mais le document te propose un autre mot : *ape*.
- Accentue la syllabe qui porte l'accent tonique : *human, helicopter* (*h* aspirés).

Écoute l'exemple donné sur le site www.prepabac.com/media.

Raconter et exprimer son opinion

LA DÉMARCHE

Organiser son propos

- Pour faire un récit, utilise le prétérit. Sauf dans le cas d'un film, où l'emploi du présent se justifie.
- Rapporte les événements selon l'ordre chronologique. Organise tes idées en les articulant selon un raisonnement logique et en utilisant des connecteurs : *first* (d'abord), *then/next* (ensuite), *that's why* (c'est pourquoi).

Formuler des arguments

- Au niveau B1, ne te contente pas de dire si tu as aimé ou pas : argumente et justifie ton point de vue.
- Au brouillon, liste les arguments en deux colonnes (pour/contre, avantages/inconvénients, etc.). Expose des arguments qui s'opposent ou se complètent : c'est ainsi que tu nuanceras ton propos. Emploie : *on the one hand... on the other hand* (d'un côté..., de l'autre), etc.

Varier le vocabulaire

Ne qualifie pas tout de *good* ou de *bad*. Sois nuancé et précis. Par exemple, suivant le contexte, à la place de *good* tu emploieras *gorgeous, fantastic, awesome, unforgettable* ; à la place de *bad* tu emploieras *awful, poor, boring, dull.*

L'EXEMPLE COMMENTÉ

Présente le film Rise of the Planet of the Apes *et dis ce que tu en penses.*

Organiser son propos

Commence par des éléments formels (date, genre...), cite les personnages principaux en les caractérisant rapidement. Ensuite résume le scénario, au présent. Et pour finir, donne ton opinion.

Formuler des arguments

Les points forts de ce film sont les effets spéciaux *(special effects),* l'évolution psychologique du personnage principal *(main character)* et le scénario *(script).* Néanmoins, on peut juger que ce scénario n'est pas réaliste *(unrealistic).*

Varier le vocabulaire

Choisis des qualificatifs précis : *I liked the special effects, which I found* ***awesome****. Moreover, the script is really* ***fascinating****...*

Écoute l'exemple donné sur le site www.prepabac.com/media.

Les documents sonores figurent sur le site www.prepabac.com/media.

S'ENTRAÎNER

1 Écoute et coche l'intonation (montante ou descendante), puis répète.

1. Kurt Cobain was a singer. ☐↗ ☐↘
2. Did he sing in a band? ☐↗ ☐↘
3. Yes, he did. ☐↗ ☐↘
4. What was his band's name? ☐↗ ☐↘
5. It was called *Nirvana*. ☐↗ ☐↘

2 Lis les informations données dans ce tableau.

Name	**Edward CULLEN**	**Isabella SWAN**
Birth	1901, Chicago	1987
Address	Forks, USA	Forks, USA
Hobbies	baseball, piano	
What he / she doesn't like	the sun	sport

Fais un bref exposé sur Edward et Isabella, contenant ces renseignements :

1. Edward : son nom, où il est né, quand, ses activités, ce qu'il n'aime pas.
2. Isabella : son nom, quand elle est née, ce qu'elle n'aime pas.
3. Pour tous les deux : où ils vivent.

3 Observe le document ci-contre.

1. Au brouillon, prépare ta présentation en répondant en anglais aux questions ci-dessous.
- De quel type de document s'agit-il ?
- Quel est le titre du film ? Peux-tu expliquer ce qu'est un « avatar » ?
- Quel est le nom du producteur ?
- Le personnage représenté est-il humain ? Te paraît-il masculin ou féminin ? Précise les éléments physiques qui appuient ta réponse.
- À quel genre appartient ce film ?

POUR T'AIDER

Vérifie la prononciation des mots suivants :

avatar \'ævətɑ :\ ; human \'hju:mən\ ; science fiction \'saɪəns 'fɪkʃn\

2. Présente maintenant ce document en suivant le plan ci-dessous.

- Type de document
- Titre du film
- Signification de ce titre
- Nom du producteur
- Identification du personnage principal (sexe, caractéristiques)
- Vêtements, accessoires, bijoux
- Genre de film
- Aimes-tu ce genre ?
- Pourquoi certains aiment ce genre ?
- Pourquoi d'autres n'aiment pas ?

4 Écoute à présent chacune des questions qui te sont posées et réponds-y.

1. What animal does she look like (and why)?
2. For you, does she live in a city or in nature? Why?
3. What is her expression?
4. Do you find her beautiful?
5. Can you compare her with a native from the Amazonian rainforest?

OBJECTIF BREVET

▸ Je suis capable de faire un bref exposé sur un sujet familier. (A2)
▸ Je suis capable de décrire les gens, les lieux en termes simples. (A2)
▸ Je suis capable d'argumenter brièvement des opinions. (B1)

5 Examine ces éléments de biographie, puis présente la personne en question. Conclus en disant que tu n'aimes pas trop les histoires policières car tu n'as pas l'habitude d'en lire : tu préfères les mangas.

Agatha Christie

1890, Torquay, England

1914-1918

Archibald Christie 1914 — Rosalind 1919 — 1922

1928 — Max Mallowan 1930 — 1934 — Oxfordshire 1976

S'ENTRAÎNER

1 **1.** Kurt Cobain was a singer. ↘
2. Did he sing in a band? ↗
3. Yes, he did. ↘
4. What was his band's name? ↘
5. It was called *Nirvana*. ↘

2 **1.** His name is / He is Edward Cullen. He was born in Chicago in 1901. He plays the piano. He plays baseball. He doesn't like the sun. **2.** Her name is / She is Isabella Swan. She was born in 1987. She doesn't like sport. **3.** They (both) live in Forks, in the USA.

3 **2.** This is a film poster. The title is / It is entitled *Avatar*. An avatar is a form you can take. It is an incarnation of a person. The producer is James Cameron. In this film, one of the main characters is a woman, although she is not human, because her skin is blue, she has (got) pointed ears and strange eyes. Actually, she's got cat's eyes. She wears native clothes and strange jewels, which prove that she belongs to a native tribe from the planet. Indeed, "Avatar" is science fiction /fantastic. I do fancy science fiction films very much, like so many other people, who escape from reality thanks to these escapist worlds, and travel through time and space thanks to fantastic special effects. But I know other people who don't like that kind of film because they don't find them realistic, and therefore can't get into them.

Écoute le corrigé proposé sur le site www.prepabac.com/media.

4 **1.** She looks like a cat, because she has (got) pointed ears and wide yellow eyes. **2.** For me, she lives in a forest because she looks naked. **3.** She looks determined / scared / curious / puzzled / careful. **4.** Yes, I do. I find her beautiful because she is feminine. / No, I don't. No, I find her ugly because of her strange eyes. **5.** Yes, I can: they have the same (minimal) clothes. Their hair looks the same: it is plaited / braided with beads / pearls and feathers.

Écoute le corrigé proposé sur le site www.prepabac.com/media.

OBJECTIF BREVET

5 This is Agatha Christie **(1 pt)**. She was born in 1890 in Torquay **(2 pts)**. She was English / British **(1 pt)**. Between 1914 and 1918, she was a nurse. / She became a nurse in 1914, until 1918 **(2 pts)**. In 1914, she married Archibald Christie **(2 pts)**. In 1919, she had a baby / daughter, (called/named) Rosalind **(2 pts)**. In 1922 / Three years later, she wrote *The Man in the Brown Suit* **(2 pts)**. She got divorced (from Archibald) in 1928 / The couple divorced in 1928 **(2 pts)** but she remarried / married again in 1930 to Max Mallowan **(2 pts)**. In 1934, she published *Murder on the Orient Express* **(2 pts)**. She died in Oxfordshire in 1976 **(2 pts)**. I don't like detective stories very much **(2 pts)**. I am not really used to reading them and (anyway), I prefer mangas **(3 pts)**.

Résultat: ... /25

Écoute le corrigé proposé sur le site www.prepabac.com/media.

CHAPITRE

24 Lire

Au niveau A2, tu es capable de lire des textes courts très simples et d'y prélever une information ponctuelle. Au niveau B1, tu peux lire des textes simples (rapportant des faits, des sentiments, des souhaits…) avec un niveau satisfaisant de compréhension, et en identifier les principaux arguments.

I Ce qu'on attend de toi

A Au niveau A2

Tu peux :

- comprendre des textes courts rédigés en phrases brèves et utilisant la langue de tous les jours ;
- lire une lettre et saisir si la personne qui écrit demande un renseignement, confirme une information ou une opinion ;
- repérer une information dans un menu, un panneau, un prospectus, un mode d'emploi ou une publicité ;
- sélectionner ce que tu cherches dans les pages jaunes ou des petites annonces.

B Au niveau B1

- Tu lis des documents rédigés dans une langue courante et traitant de thèmes connus, mais ils sont plus longs et les phrases en sont plus complexes (proposition principale et propositions subordonnées).
- Tu repères les faits, l'enchaînement des événements ou le schéma argumentatif du texte. Mais, tu es aussi capable de saisir les sentiments ou les souhaits exprimés dans un courrier qui t'est adressé.

II Comment te préparer?

A Lis des modes d'emploi en anglais

Tous les modes d'emploi ont une version anglaise : lis ceux que tu trouves chez toi, tu pourras **comparer** les traductions.

LE LEXIQUE DES MODES D'EMPLOI

a user manual: un manuel d'utilisateur
instructions for use: mode d'emploi
a device: un appareil
the settings: les réglages
the setup process: la procédure d'installation
a key: une touche (clavier, télécommande)
to use: utiliser
to operate: faire fonctionner
to dial: composer (un numéro)
to plug in: brancher (électriquement)
to connect: brancher, connecter
to select: choisir
to skip: sauter
to tick: cocher
to unplug: débrancher
to store: stocker

B Corresponds avec un anglophone

Si tu ne connais personne dans un pays anglophone, ton professeur ou certains organismes pourront t'orienter vers des sites web sérieux. La correspondance permet de nouer des liens et de se familiariser avec les **codes de communication** du courrier par Internet ou du courrier postal (*snail mail* en anglais).

C Lis régulièrement en anglais

- Lis des textes de ton manuel ou fais des recherches sur Internet sur des thèmes qui t'intéressent. Va sur des forums de discussion afin de t'habituer à lire des messages courts, synthétiques. Tu peux aussi lire les **journaux** de langue anglaise auxquels est abonné ton CDI.
- Au niveau B1, procure-toi des livres en édition **bilingue** ou en langue originale annotée. Commence par de la littérature jeunesse ou adolescente, ou par des recueils de nouvelles.

D Observe les panneaux dans la rue

Si tu as l'occasion d'aller au Royaume-Uni ou aux États-Unis, ouvre l'œil et repère les panneaux qui jalonnent les rues, les routes, les vitrines... Que signifient-ils ? Sinon, prêtes-y attention lorsque tu regardes une **émission** ou une **série** qui est tournée dans ces pays.

Comprendre un document écrit

LA DÉMARCHE

Identifier le type de document

Identifie rapidement le type de document : lettre, publicité, brochure, petite annonce, mode d'emploi, panneau, menu, prospectus… Cela orientera ta lecture : tu pourras anticiper le type d'informations que le document contient.

Repérer les mots clés

Appuie-toi sur les mots que tu connais ainsi que sur les mots transparents, pour identifier les éléments clés et saisir l'information essentielle.

Déduire le sens des mots inconnus

- Pour comprendre le sens d'un mot inconnu, commence par définir sa catégorie grammaticale : s'il est précédé d'un déterminant, il y a des chances que ce soit un nom ; s'il est suivi d'un nom, c'est sans doute un adjectif ; s'il est précédé d'un pronom et d'un auxiliaire, il s'agit d'un verbe conjugué.
- Observe la construction du mot. Les préfixes *(un-, in-…)* et les suffixes *(-ful, -ness, -ly, -less…)* t'aident à identifier la catégorie grammaticale : une terminaison en *-ness* signale un nom ; en *-ly,* généralement un adverbe (→ p. 117). Par exemple : *thank* veut dire « remerciement », *thankful,* « reconnaissant », *thankfulness,* « la gratitude ».
- Aide-toi du contexte : la même idée peut être exprimée autrement ailleurs.

Comprendre l'organisation des idées

Entoure les mots de liaison, et tu saisiras comment est organisée l'argumentation. Par exemple, souligne ce qui est cause *(because of)* ou conséquence *(that's why, consequently).*

L'EXEMPLE COMMENTÉ

Lis le document suivant.

12th March

Dear Suzy,

I hope that you are fine, after this bad summer. I know it was hard to work in that Italian restaurant in Bristol, with the boss who kept bullying you, and the low pay, and all… I felt so bad about it, knowing that I was the one who told you about the job! But I met your dad at the supermarket yesterday and he said that you had stopped working there. I'm sure it's for the better. I could see he felt relieved, and I did too, knowing how hard it was for you…

That's why I'm writing today: I just wanted to let you know that I have an uncle who is opening a pub in Carnegie Street, and he's looking for a barmaid. I thought you might be interested. Please tell me if you're interested. He wants someone serious, and I sort of recommended you. So...

See you soon, hopefully.

Love,

Mrs Barnett

> **ATTENTION !**
> *Mrs* se prononce *Missis* (Madame).
> *Mr* se prononce *Mister* (Monsieur).

Identifier le type de document

La disposition du texte correspond à celle d'une lettre (correspondance privée). La personne qui écrit est *Mrs Barnett.* Elle écrit à Suzy. Le ton est informel *(Dear..., love).* Mais le fait que la personne signe *Mrs Barnett* indique sans doute une différence d'âge.

Repérer les mots clés

- Au début du premier paragraphe, tu peux surligner *fine, summer, work, Italian restaurant, the boss, pay* (vocabulaire du travail) (→ p. 163).
- À la fin de ce paragraphe, tu connais : *met* (prétérit de *meet*), *dad, supermarket, yesterday, stopped working, better*. *Mrs Barnett* a rencontré le père de Suzy, qui lui a appris qu'elle avait arrêté de travailler.
- Dans le deuxième paragraphe, tu repères : *wanted, know, uncle, opening a pub, Carnegie Street, barmaid, interested, serious, recommended.* Tu sais que *a pub* est l'abréviation de *public house,* bar typiquement britannique.

Déduire le sens des mots inconnus

- Dans *hopefully,* tu reconnais *hope, full* et *-ly*.
- *Bullying,* ici, est un verbe en *-ing* associé au verbe de la subordonnée *(kept),* et dont le sujet est *the boss. Mrs Barnett* plaint Suzy sur ses conditions de travail dans le restaurant italien. *Bullying* est précédé de *hard work* et suivi de *low pay,* expressions négatives : *bullying* est donc *a priori* du même registre (« maltraiter »).

Comprendre l'organisation des idées

- Le seul mot de liaison complexe est *that's why...* qui introduit l'objet de la lettre.
- Observe la mise en forme du courrier. Certains éléments éclairent l'organisation logique du propos : saut de paragraphe, ponctuation (deux-points introduisant des explications), etc.

S'ENTRAÎNER

1 **Lis ce document.**

LASAGNA

Ingredients

400 gr of sweet Italian sausage
300 gr of lean ground beef
½ cup of minced onion
2 cloves of garlic, crushed
1 can (30 gr) of crushed tomatoes
2 cans (150 gr) of tomato paste
2 cans (200 gr) of canned tomato sauce
½ cup of water
2 tablespoons of white sugar
12 lasagna noodles
450 gr of ricotta cheese
1 egg
½ teaspoon of salt
300 gr of mozzarella cheese, sliced
¾ cup of grated Parmesan cheese

Directions

1. In a large pot, cook sausage, ground beef, onion, and garlic over medium heat until well browned. Stir in crushed tomatoes, tomato paste, tomato sauce, and water. Simmer, covered, for about 1 ½ hours, stirring occasionally.

2. Bring a large pot of lightly salted water to a boil. Cook lasagna noodles in boiling water for 8 to 10 minutes. Drain noodles, and rinse with cold water. In a mixing bowl, combine ricotta cheese with egg, and ½ teaspoon salt.

3. Preheat oven to 375 degrees F (190 degrees C).

4. To assemble, spread 200 grammes of meat sauce in the bottom of a 23 × 33 cm baking dish. Arrange 6 noodles lengthwise over meat sauce. Spread with one half of the ricotta cheese mixture. Top with a third of mozzarella cheese slices. Spoon 200 grammes of meat sauce over mozzarella, and sprinkle with ¼ cup Parmesan cheese. Repeat layers, and top with remaining mozzarella and Parmesan cheese. Cover with foil: to prevent sticking, either spray foil with cooking spray, or make sure the foil does not touch the cheese.

5. Bake in preheated oven for 25 minutes. Remove foil, and bake an additional 25 minutes. Cool for 15 minutes before serving.

2 Réponds en français aux questions : elles te guideront pour repérer les mots clés et déduire le sens des mots inconnus.

1. De quel type de document s'agit-il ?
2. Quel est le nom du plat (en anglais et en français) ?
3. Dans la liste d'ingrédients, que trouves-tu devant chacun ?
4. Ce type de document est généralement rédigé à l'impératif. Est-ce le cas ici ?
5. Cela te permet de savoir où les verbes seront placés dans les phrases. Surligne-les en rouge.
6. Dans la liste d'ingrédients, repère chacun d'entre eux (un mot par ligne). Surligne-les en vert.
7. Des adjectifs qualifient certains de ces noms. Surligne-les en bleu.
8. Sachant que *ground* est un adjectif qui peut qualifier du bœuf et aussi parfois du poivre noir, peux-tu déduire ce qu'il signifie ? (En français on utilise deux mots différents, mais l'idée est la même.)
9. Observe : *Spread 1 ½ cups of meat sauce in the bottom of a (...) dish.* Tu as déduit grâce aux questions 4 et 5 la catégorie grammaticale de ***spread***. Sachant que c'est ce que l'on fait avec la sauce à la viande au fond du plat, que signifie *spread* ?
10. Observe : *Cook lasagna noodles in boiling water for 8 to 10 minutes.* ***Drain*** *noodles.* Sachant que l'on décrit l'opération qui suit la cuisson des pâtes, quel est le sens de *drain* ?
11. Étant donné la place de *spoon* dans la phrase (paragraphe 4), s'agit-il d'un nom ou d'un verbe ? Comment le traduirais-tu ?

3 Maintenant, tu es prêt(e) à répondre aux questions suivantes.

1. This document is... **a.** a recipe. **b.** a menu. **c.** an ad.
2. The name of the dish is ....
3. The sort of cheese you need is ....
4. Circle the ingredients required.

a.

b.

c.

d.

e.

f.

g.

h.

i.

j.

5. Put the events in chronological order.

a.

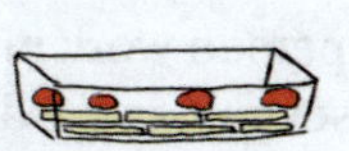

b.

c.

d.

e.

f.

g.

h.

i.

OBJECTIF BREVET

- Je suis capable de trouver un renseignement dans un document courant simple. (A2)
- Je suis capable de comprendre une lettre brève (correspondance privée) et d'y prélever une information. (A2)
- Je suis capable de lire une lettre en y saisissant les sentiments et souhaits exprimés. (B1)

4 **Prélève dans ce document les informations demandées.**

Permanent waiter needed ASAP!
Dynamic, smart and reliable.
Part-time job, Sats/ Suns Eves.
Approx. £50 per eve.
For further information, please contact
Mr Barnett, 0180 688 4699

1. What sort of document is it?

a. a letter. **b.** an advertisement. **c.** a brochure. **d.** a newspaper article.

2. What job is it about?

a. someone who drives taxis. **b.** someone who serves in a restaurant.
c. someone who cooks.

3. How many days should the person work in a week?

a. one. **b.** two. **c.** three. **d.** seven. **e.** we don't know.

4. How much will the person earn every week?

a. £50. **b.** £100. **c.** £350.

5 Prends connaissance du document ci-dessous. Puis réponds aux questions en entourant la ou les réponses qui conviennent.

Dear Emma,

I wanted to thank you so much for recommending my daughter to your uncle. She had her appointment for a job interview only yesterday, and she was very happy about it. She's never worked in a pub before, and she was a bit apprehensive, but Mr Barnett was really nice and seems happy to hire her as a waitress for this summer – maybe more, he said, if she proves herself. Her past experience in a restaurant will certainly be useful even if, as you know, it hasn't been as successful as expected. In any case, she's looking forward to starting working. "The Black Swan" is not far from home, only one mile, and it's really well located. Well, you know, as you often go there...

I hope we will meet soon – why not at the pub?
Looking forward to hearing from you,
Kate A.

1. What sort of document is it?

a. A letter of application. **b.** A letter to say sorry. **c.** A thank-you letter.

2. The letter is about...

a. a job. **b.** a new house. **c.** a new school.

3. More precisely, this concerns...

a. Kate. **b.** Emma's uncle. **c.** Kate's daughter.

4. This person has...

a. never worked. **b.** already worked in a restaurant.
c. already worked in a pub. **d.** already worked in a pub and a restaurant.
e. never worked in a pub.

5. This person feels…
a. happy. **b.** apprehensive. **c.** impatient. **d.** regretful. **e.** nice.
6. Mr Barnett feels…
a. happy. **b.** apprehensive. **c.** nice.
7. Her past experience is…
a. a good memory for her. **b.** a bad memory for her. **c.** a plus for this new job.
8. Emma and Kate…
a. work in the same pub. **b.** live in the same area. **c.** are cousins.

S'ENTRAÎNER

2 1. Une recette. 2. Des lasagnes *(lasagna)*. 3. Les proportions. 4. Oui. 5. Verbes : *cook, stir, simmer, bring, cook, drain, rinse, combine, preheat, to assemble, spread, arrange, spread, top, spoon, sprinkle, repeat, top, cover, to prevent, make sure, does not touch, bake, remove, bake, cool.* 6. Ingrédients : *beef, onion, garlic, tomatoes, tomato paste, water, sugar, salt, noodles, cheese, egg.* 7. Qualificatifs : *sweet, canned lean, ground, minced, crushed, white, sliced, grated.* 8. Haché/moulu. 9. Étaler. 10. Égoutter. 11. Un verbe : verser.

3 1. **a.** *A recipe.* 2. *Lasagna.* 3. *Ricotta, Parmesan, mozzarella.* 4. **a. b. c. j.** (pas **i.** car il ne faut pas de tomates fraîches). 5. **i. h. a. d. c. b. f. e. g.**

OBJECTIF BREVET

4 1. **b.** an advertisement (2 pts). 2. **b.** Someone who serves in a restaurant (2pts). 3. **b.** Two (Sat=Saturday, Sun=Sunday) (2 pts). 4. **b.** £100 (2 × £50) (2 pts).

5 1. **c.** a thank-you letter (1 pt). 2. **a.** a job (1 pt). 3. **c.** Kate's daughter (1 pt). 4. **b.** already worked in a restaurant (1 pt). 5. **a.** happy **b.** apprehensive **c.** impatient (3 pts). 6. **a.** happy **b.** nice (2 pts) 7. **b.** a bad memory for her **c.** a plus for this new job. (2 pts). 8. **b.** live in the same area (1 pt).

Résultat: …/20

CHAPITRE

25 Écrire et réagir à l'écrit

Au niveau A2, tu es capable d'écrire un texte simple (par exemple une lettre de remerciements ou un message électronique court). Au niveau B1, tu peux rédiger un texte plus long où tu rends compte d'une expérience de façon plus circonstanciée.

I Ce qu'on attend de toi

A Au niveau A2

- Tu rédiges des phrases simples reliées par *and, but* et *because.*
- Tu décris les gens et les lieux qui t'entourent de façon succincte.
- Tu racontes brièvement un événement passé.
- Tu écris une biographie imaginaire ou un court poème.

B Au niveau B1

- Tu écris une lettre plus longue, avec des phrases complexes (propositions principale et subordonnées).
- Tu rédiges le compte-rendu d'expériences (voyage, visite) en décrivant tes impressions et sentiments.
- Tu prends des notes à partir de différents documents et en rends compte.
- Tu résumes des informations et exprimes ton opinion.

II Comment te préparer?

A Veille à la correction grammaticale

Au niveau A2, quelques fautes d'accord ou de conjugaison sont tolérées, mais donne-toi les moyens d'en limiter le nombre. Vérifie entre autres :

- **le *-s* de la troisième personne** du singulier au présent ;
- **l'auxiliaire** dans les questions et les phrases négatives ;

- l'emploi correct des **pronoms** et des **déterminants possessifs** (une erreur courante est de confondre *his* et *her*).

▪ Au niveau B1, tu dois faire preuve d'un assez bon niveau grammatical : assure-toi que tu sais employer les structures de base et les temps verbaux (→ p. 8-36), notamment le **prétérit**, utile pour la plupart des tâches qui te seront demandées (rédiger une biographie, raconter un événement...) (→ p. 17-19).

B Exploite les ressources de la langue

▪ À l'écrit, tu dois à la fois organiser tes idées et puiser dans ta connaissance de l'anglais pour y choisir le vocabulaire et les structures grammaticales qui serviront ton propos.

▪ Pour exprimer des idées on utilise souvent des **propositions relatives.** Apprends à choisir parmi les pronoms relatifs en anglais : *who, which, that, Ø*... (→ p. 104).

▪ **Enrichis** ton vocabulaire de base (→ p. 136-178) en utilisant un dictionnaire ou Internet chaque fois que tu effectues des travaux en autonomie.

C Soigne la présentation et la qualité de tes écrits

▪ Une lettre ou un e-mail adressés à un inconnu, un employeur potentiel, n'ont pas la même **présentation**, le même **en-tête**, qu'une lettre ou un e-mail envoyés à un ami. Le vocabulaire employé y est différent.

> **ATTENTION !**
> Les Britanniques sont choqués de l'emploi de certains mots de registre familier fréquemment utilisés en français.

▪ À l'écrit, tu peux te relire autant de fois que tu veux : profites-en ! Pour progresser, relis tes copies corrigées par ton professeur en te demandant à chaque fois : pourquoi me suis-je trompé(e) ?

▪ Fais la **liste des fautes** qui reviennent fréquemment (oubli du *–s* de la 3e personne du singulier, erreur sur les déterminants...). Consulte-la au moment où tu écris une nouvelle rédaction et vérifie chacun des items listés.

Écrire une lettre

LA DÉMARCHE

Se préparer

Devant un sujet d'expression écrite, ne te lance pas tête baissée. Réfléchis : qu'attend-on de toi exactement ? De quelles structures vas-tu avoir besoin ? Liste le vocabulaire utile pour ta rédaction, car c'est aussi un moyen pour faire surgir les idées que tu es capable d'énoncer en anglais.

Rédiger

Rédige d'abord au brouillon. Puise au maximum dans tes connaissances, et utilise des périphrases pour compenser ce que tu ne connais pas. Ensuite, relis-toi attentivement pour vérifier la correction grammaticale de ton texte.

Bien présenter sa copie

Respecte les règles propres au type de document demandé : une lettre doit être présentée avec un en-tête, des formules de salutations et une signature. Écris lisiblement, afin d'être facilement déchiffré.

L'EXEMPLE COMMENTÉ

Voici le sujet : « Back to France from England, write a letter to your pen pal. »

Se préparer

- Deux données dans cette consigne : premièrement tu écris à ton correspondant anglais ; deuxièmement tu as séjourné chez lui.
- En revenant en France, que vas-tu lui dire ? Tu lui racontes comment s'est déroulé ton voyage de retour (au prétérit) puis tu le remercies pour son accueil. Ensuite, tu peux envisager que ton correspondant vienne en France. Utilise le futur si cela est déjà convenu (*You <u>will</u> have fun when you come over.*/ Tu t'amuseras quand tu viendras ici.) mais le conditionnel si rien n'est encore décidé (*I <u>would</u> like you to come over next year.*/ J'aimerais que tu viennes l'an prochain) (➔ p. 28 et 30).
- Liste le vocabulaire en rapport avec les voyages *(airport, flight, plane, arrival...)*. Rassemble des qualificatifs d'appréciation *(strange, uneventful, warm, fabulous...)*.
- Choisis des formules de remerciement :

welcome to : bienvenue à
thanks for + V -ing/nom : merci de + V
I'll miss you : vous me manquerez
it's so kind of you to + V : c'est si gentil de votre part de + V

Rédiger

Lorsque tu rédiges, pose-toi les questions suivantes :

- Y a-t-il bien un verbe dans chacune de mes phrases ?
- Ai-je ajouté le *-s* de la 3e personne du singulier au présent simple ?
- Ai-je correctement utilisé les auxiliaires ?
- L'adjectif épithète est-il placé avant le nom qu'il qualifie ?
- Ai-je mis les marques du pluriel quand il le faut ?

Bien présenter sa copie

- Ta lettre est destinée à un ami : utilise les formules d'introduction et de salutation d'un courrier informel (*Dear* + prénom, puis s'enquérir de la santé), et termine avec une formule comme : *Looking forward to hearing from you* ou *Love* ou encore *Please write me soon...*
- Relis ta copie avec un œil neuf, en veillant particulièrement aux fautes que tu fais souvent.

Voici un exemple de corrigé.

Paris, 15th August

Dear Emma,

I hope you are fine. It's strange to be back in France after three weeks in England! I miss you – I even miss jelly! The trip was OK. After you left me at the airport, I went aboard, and the flight was uneventful. My parents were waiting for me at Roissy-Charles de Gaulle. They were very happy with the presents I brought back.

I want to thank you and your parents again for your warm welcome. Those three weeks were fabulous. I am looking forward to your coming to France next summer. I only hope that you will be as happy as I am!

Looking forward to hearing from you,

Love,

Sophie

Raconter un voyage

LA DÉMARCHE

Se préparer

• Lis attentivement la **consigne** pour ne rien omettre en traitant le sujet. Sa formulation peut aussi te donner des pistes pour ta rédaction et t'éviter certaines erreurs. Ainsi, si le sujet emploie le prétérit (ex. : *You went to India last Summer...*), ton récit devra être au prétérit.

• Mobilise tes **connaissances** : le sujet est généralement en rapport avec ton cours, et suppose que tu réutilises le lexique et les structures appris.

• Organise ton expression en utilisant des mots de liaison. Dans un récit, privilégie les **connecteurs chronologiques** *(then, before that...)*. Par contre, quand tu souhaites donner ton opinion ou exposer un enchaînement de cause à effet, privilégie les **connecteurs logiques** *(consequently, therefore...)*.

Rédiger

Évite les adjectifs trop usuels en les remplaçant par des équivalents plus recherchés. Selon le contexte, *good* peut donc avoir pour équivalent *delicious (food), interesting (visit), relaxing (atmosphere), sunny (weather)* voire *fantastic (trip), gorgeous (landscape), great (time)...*

Se relire

• Relis ton texte en te concentrant sur le **contenu** (es-tu capable de comprendre ce que tu as voulu dire ?) autant que sur la **forme** (clarté du propos, correction linguistique, présentation).

• Vérifie que tu n'as pas laissé certaines **fautes fréquentes** mais faciles à éviter : oubli du – *s* à la 3e personne du singulier ; marque du pluriel (sauf devant des indénombrables toujours au singulier comme *information*) ; choix des déterminants *(a, the)* ; emploi des temps.

L'EXEMPLE COMMENTÉ

Voici le sujet : « You've just spent two months abroad. Write an article in the school newspaper to tell about your experience. »

Se préparer

• L'expression *abroad* (à l'étranger) te laisse le choix de la destination.

• Note dans la consigne l'emploi du *present perfect* associé au terme *experience* : on te demande de faire un bilan de ton séjour en utilisant le *present perfect.* Mais n'oublie pas : le récit des événements doit être au prétérit, puisque tu en es revenu ! Et si tu as établis ce bilan au moment de ton voyage, il devra être au *past perfect,* par souci de la concordance des temps (→ p. 22).

• Parmi les mots et expressions que tu connais, tu peux utiliser notamment dans ce sujet : *miss* (manquer), *broaden one's horizons* (élargir son horizon), *share* (partager). Reporte-toi aussi à l'exemple commenté (→ p. 217).

Rédiger

N'hésite pas à étoffer au maximum en variant le vocabulaire.

Se relire

• Fais une relecture ciblée sur les fautes qui te sont habituelles, et que tu as listées à partir des expressions écrites corrigées par ton professeur.

• Veille notamment à l'alternance d'emploi du prétérit (événements du séjour) et du *present perfect* (bilan), ainsi qu'à la concordance des temps (futur devenant conditionnel dans un contexte passé).

• Assure-toi que le lecteur ne perde pas le fil de ton récit : ajoute les mots de liaison (chronologie, conséquence, opposition…) qui pourraient manquer.

Voici un exemple de corrigé.

Last Summer I spent two months in Ireland. I had never been there, but I had been surfing the web, looking for information about the country. I stayed at the O'Briens', a host family who lived in County Kerry, and I shared their lives for two months. Thanks to them, I could visit a lot of natural parks like Killarney, and discover new things about the Irish way of life. This experience was really fantastic and it has helped me broaden my horizons. It was worth the trip, because I had never been far from my family for so long, and I thought I would miss them very much, which I did at first, but then I got used to it and I could really enjoy meeting new people and discovering a new culture. I must say, if I was offered to do it again, in another country, I would accept at once, without hesitation.

S'ENTRAÎNER

1 Observe ce tableau et réponds aux questions.

1. Rassemble le vocabulaire utile pour décrire le tableau : comment nommes-tu en anglais les éléments suivants ? Au besoin, aide-toi d'un dictionnaire.

a. une fenêtre
b. une fenêtre à guillotine
c. une couronne (de Noël)
d. faire un signe de la main
e. le ruban
f. une branche
g. du givre
h. un pyjama
i. ébahi

2. Quelles phrases donnent un commentaire exact de l'image ? Entoure-les.
a. It's winter.
b. It's summer.
c. The weather is windy.
d. It has snowed.
e. There is nothing special in the street.
f. The scene probably takes place in the morning.
g. It must take place during the Christmas holidays.
h. The scene takes place in the afternoon.
i. Everyone looks surprised and full of admiration.
j. One person looks depressed.
k. We can see the father and three children.
l. This is the image of a happy family.
m. They are all looking at the same thing.

2 Cette fiche donne des éléments de la biographie de Christophe Colomb. Prends-en connaissance puis réponds aux questions.

- Christopher Columbus (1451, Genoa - 20 May 1506, Valladolid)
- 1461 : sailor
- 1476 : England, Ireland (Iceland?)
- 1479 : marriage with Filipa Perestrelo
- 1480 : a son, Diego
- Interests : the Bible, astronomy, geography, history
- 1492 : discovery of America
- 1492-1499 : four journeys to the Americas
- 1500 : prison

1. Comment dis-tu : « Il est né », « Il est mort » dans une biographie ?
2. Quelle préposition utilises-tu devant une année précise : *in, on* ou *at* ? Et devant un jour précis ?
3. **a.** Quel temps vas-tu employer dans cette biographie ?
b. À ce temps-là, quelle est la terminaison des verbes réguliers ?
4. Voici les verbes dont tu vas avoir besoin (dans l'ordre). Traduis-les puis mets-les au prétérit. (Les cases grisées indiquent les verbes irréguliers.)

	base verbale	**prétérit**
devenir	....	....
voyager	t..............................	....
se marier avec	....	....
avoir	....	....
étudier (= lire)	....	....
découvrir	d..............................	....
aller (en prison)	....	....

5. Comment dis-tu « entre 1492 et 1499 » ?
a. between 1492 and 1499 **b.** from 1492 to 1499 **c.** in 1492 and in 1499
6. Maintenant, rédige la biographie de Christophe Colomb.

OBJECTIF BREVET

- Je suis capable de rapporter brièvement par écrit un événement. (A2)
- Je suis capable de faire un compte rendu écrit (expérience, vécu). (B1)

3 Raconte ton voyage en Californie en utilisant les éléments ci-dessous. Inclus-y tes appréciations (données ici en français).

July, 17

July, 18
impressionnant

July, 21
Sequoia National Park : surprenant

July, 23
effrayant

July, 30
A girl named Minette Rangers : sympathique

S'ENTRAÎNER

1 Ce tableau de Norman Rockwell s'intitule *Daddy's home* (1951). **1. a.** a window. **b.** a sash window. **c.** a Christmas wreath. **d.** to wave. **e.** the ribbon. **f.** a branch. **g.** frost. **h.** pyjamas. **i.** astounded, stunned. **2. a.** It's winter. **d.** It has snowed. **f.** The scene probably takes place in the morning. **g.** It must take place during the Christmas holidays. **i.** Everyone looks surprised and full of admiration. **l.** This is the image of a happy family. **m.** They are all looking at the same thing.

2 **1.** *He was born / He died.* **2.** *in* + année. *on* + jour. **3. a.** Le prétérit. **b.** La terminaison *-ed.* **4.** devenir : *become* → **became** ; voyager : *travel* → **travelled** ; se marier avec : *marry* → *married* ; avoir : *have* → **had** ; étudier (= lire) : *read* → **read** ; découvrir : *discover* → **discovered** ; aller (en prison) : *go* → **went**. **5. a.** between 1492 and 1499. **b.** from 1492 to 1499.
6. Christopher Columbus was born in 1451 in Genoa. In 1461, (at the age of 10 / aged 10,) he became a sailor. In 1476, he travelled to England, Ireland, and possibly Iceland. In 1479, he married Filipa Perestrelo. In 1480 / One year later, he had a son (called) Diego. He read the Bible and studied astronomy, geography and history. In 1492 (when he was 41 years old), he discovered America. Between 1492 and 1499, he travelled four times to the Americas, but he went to prison (/was arrested) in 1500. He died on 20 May 1506 (*prononcé* : the 20th of May, 1506).

OBJECTIF BREVET

3 Dear diary,
On the 17th of July **(1 pt)**, I took the plane / flew **(1 pt)** to California **(1 pt)**. The next day **(1 pt)**, I visited/went to Hollywood **(1 pt)**. It was (really) impressive! **(2 pts)** Then / three days later **(1 pt)**, I visited/went to Sequoia National Park **(1 pt)**. I was really surprised / I found it really surprising **(2 pts)**, the trees were so huge! Two days later **(1 pt)**, I was so scared/frightened **(2 pts)** when I saw a snake **(1 pt)** just in front of me! But it didn't bite me, I was lucky. The next week / seven days later **(1 pt)**, I met Minette Rangers **(1 pt)**. This girl / she was really nice **(1 pt)** and she had a horse **(1 pt)** which she let me ride… I like her very much / we have become friends **(1 pt)**.

Résultat : …/20

Table des illustrations

138	©	John Walmsley 2010. All rights reserved.
143	©	Prod DB © The Con / DR.
149	ph ©	Hugo Philpott/ Bloomberg News / Getty-Images.
154	ph ©	Paul Weinberg / Anzenberger / Ask Images.
159	©	John Walmsley / All rights reserved.
164	©	John Walmsley / All rights reserved.
170	ph ©	Paul Goguen / Getty-Images.
176	ph ©	Chad Ehlers / Getty-Images.
184	Coll.	« Harry Potter et la chambre des secrets », 2002 / Warner Bros Pictures / Collection Christophel.
199	Coll.	« La planète des singes. Les origines », 2011 / Twentieth Century Fox Film Corporation / Collection Christophel.
201	Coll.	« Avatar », 2009/ Twentieth Century Fox Film Corporation / Collection Christophel.
220	©	Printed by permission of the Norman Rockwell Family Agency Book Rights Copyright © 1951 The Norman Rockwell Family Entities, Norman Rockwell Museum Digital Collections.

Achevé d'imprimer en Italie par L.E.G.O. S.p.A. - Lavis (TN)
Dépôt légal : 04723-5/02 - Décembre 2018